# 사슬로 배우는 블록체인 첫걸음

Copyright ⓒ ACORN-ON Co., 2025. All rights reserved.

이 책은 주식회사 에이콘온이 저작권자 이재인과 정식 계약하여 발행한 책이므로
이 책의 일부나 전체 내용을 무단으로 복사, 복제, 전재하는 것은 저작권법에 저촉됩니다.
저자와의 협의에 의해 인지는 붙이지 않습니다.

# 사슬로 배우는 블록체인 첫걸음

Shortcut to Understanding **Blockchain & SASEUL**

이재인 지음

에이콘

## 시작하며

블록체인 메인넷을 운영해오면서 정말 수많은 질문을 받아왔습니다. 그 질문들 중에는 기술적인 호기심에서 비롯된 진지한 고민도 있었고, 반대로 전혀 엉뚱한 질문도 적지 않았습니다. 때로는 질문 자체가 답할 수 없는 구조를 가진 경우도 있었고, 어떤 경우는 블록체인이라는 기술에 대한 완전한 오해에서 비롯된 것이기도 했습니다. 이런 상황을 마주할 때마다 오늘날 우리가 접하는 블록체인 관련 정보들이 얼마나 왜곡되고 단편적으로 소비되고 있는지를 실감하게 됩니다.

지금 이 순간에도 많은 사람들이 블록체인을 이야기하고 있지만, 정작 블록체인이라는 기술의 본질이나 구조, 철학에 대해 정확히 이해하고 있는 사람은 극히 드뭅니다. '블록체인 전문가'라고 소개되는 사람들조차도 그 실체를 들여다보면 대부분이 암호화폐 투자나 마케팅에 집중하고 있는 경우가 많습니다. 반대로 실제로 블록체인을 연구하고 개발하며 이를 실현하는 개발자들은 종종 대중적인 관심의 대상이 되지 않거나 그 목소리가 외면받기도 합니다. 그런 점에서 지금 우리가 마주한 수많은 오해와 혼란은 단지 개인의 문제라기보다는 이 기술이 가진 복잡성과 지금까지의 정보 전달 방식이 만들어낸 자연스러운 결과일지도 모릅니다.

그렇기에 이 글을 쓰게 된 가장 큰 동기는 단 하나였습니다. "정확한 정보를 어떻게 하면 더 많은 사람에게, 더 알기 쉽게 전달할 수 있을까?" 블록체인을 전혀 모르는 사람도 기술의 구조와 철학을 이해할 수 있도록, 최소한 왜 블록체인이 존재하는지 그리고 왜 그것이 중요한지를 감각적으로라도 느낄 수 있도록 글을 구성하고자 했습니다.

이 글은 블록체인 전반에 대한 기본적인 이해를 돕는 것을 시작으로 '사슬SASEUL'이라는 독립적인 메인넷 사례를 중심으로 설명을 풀어가고 있습니다. 다른 프로젝트들을 나열하고 비교하는 방식이 아니라 하나의 실제 사례를 통해 블록체인의 철학과 기술적 구조를 입체적으로 설명하고자 했습니다. 그 과정에서 특정 프로젝트에 대한 편향된 시선을 경계하고, 가능하면 중립적인 시각을 유지하려고 노력했습니다. 또한 기술 용어 사용도 최대한 줄여 처음 접하는 독자들도 부담 없이 읽을 수 있도록 했습니다.

물론 그러한 과정에서 일부 기술적 표현이 간결하거나 비유적으로 바뀌면서 엄밀한 정밀도는 다소 떨어졌을 수 있습니다. 하지만 이 글은 어디까지나 기술자나 연구자를 위한 전문 논문이 아니라, 일반 독자들이 블록체인을 보다 쉽게 접하고 나아가 스스로 사고할 수 있는 기초를 제공하기 위한 안내서입니다. 만약 이 글을 통해 블록체인을 처음 이해하게 된 분이 있다면, 혹은 기존에 알고 있던 개념과 달랐다는 사실을 깨달은 분이 있다면, 그것만으로도 이 글의 목적은 충분히 달성되었다고 생각합니다.

다가올 미래는 지금보다 훨씬 더 복잡하고 빠르게 변할 것입니다. 그 흐름 속에서 기술을 이해하고 올바르게 판단할 수 있는 능력은 점점 더 중요해질 것입니다. 이 글이 그 변화 속에서 독자 여러분이 중심을 잃지 않고 본질을 꿰뚫는 눈을 갖추는 데 작은 도움이라도 되기를 진심으로 바랍니다. 그리고 언젠가 이 글을 읽은 누군가가 블록체인을 단지 투기의 수단이 아닌 '사람을 위한 기술'로 받아들이는 날이 오기를 소망합니다.

# 목차

시작하며 　　　　　　　　　　　　　　　　　　　　　5

## 1부　블록체인이란 무엇인가?

### 1장　블록체인의 역사　　　　　　　　　　　　　17

1.1 비트코인의 탄생(2008~2014)　　　　　　　　17
1.2 이더리움의 등장(2015~2017)　　　　　　　　21
1.3 블록체인의 난립(2018~ )　　　　　　　　　　24
1.4 새로운 기술의 개발: 사슬　　　　　　　　　　25
1.5 마무리하며　　　　　　　　　　　　　　　　29

### 2장　블록체인이란?　　　　　　　　　　　　　　31

2.1 블록체인의 정의　　　　　　　　　　　　　　32
2.2 블록체인 기초 용어　　　　　　　　　　　　　33
　① 트랜잭션　　　　　　　　　　　　　　　　33
　② 블록　　　　　　　　　　　　　　　　　　35
　③ 서버와 노드　　　　　　　　　　　　　　　40
　④ 탈중앙　　　　　　　　　　　　　　　　　42
　⑤ 원장　　　　　　　　　　　　　　　　　　47
　⑥ 합의 알고리즘　　　　　　　　　　　　　　52
　⑦ 보상체계　　　　　　　　　　　　　　　　54
2.3 마무리하며　　　　　　　　　　　　　　　　56

## 3장 블록체인의 특징     61

### 3.1 탈중앙화, 확장성, 보안성의 트릴레마     62
    ① 탈중앙화     62
    ② 확장성     63
    ③ 보안성     64
    ④ 트릴레마     65

### 3.2 빠르기만 한 블록체인의 문제     69
    ① 기존 시스템과의 차별점 희석     69
    ② 풀리지 않는 저장 공간 문제     71
    ③ 블록체인의 두 가지 속도     74

### 3.3 블록체인의 장단점     77
    ① 데이터 보안과 위변조 방지 측면     78
    ② 시스템 구조의 유연성과 관리 측면     79
    ③ 탈중앙화로 인한 신뢰 구조     80
    ④ 확장성과 성능 문제     80
    ⑤ 경제적 인센티브와 참여 구조     81
    ⑥ 결론     82

# 2부 3세대 블록체인, 사슬

## 4장 사슬의 역사     87

    4.1 사슬의 시작     87
    4.2 사슬의 완성: 프라이빗 블록체인(~2019)     90
    4.3 사슬의 진화: 퍼블릭 블록체인 메인넷     92

| | | |
|---|---|---|
| 5장 | 사슬의 합의 알고리즘 | 97 |

    5.1 PoW    98
        ① PoW란 무엇인가?    98
        ② PoW의 보상 구조와 블록 생성    99
        ③ 블록 확정의 지연과 PoW의 안정성    100
        ④ PoW의 장단점과 블록체인의 철학    101
    5.2 PoS    102
        ① PoS란 무엇인가?    102
        ② PoS의 블록 생성 방식    103
        ③ 예치 지분과 보상의 관계    104
        ④ PoS의 한계    104
        ⑤ PoS는 블록체인의 미래일까?    107
    5.3 HAP-2    108
        ① 가설수락절차란 무엇인가?    108
        ② HAP-2의 블록 생성 방식    109
        ③ HAP-2의 장단점    112
        ④ 정리하며    114

| | | |
|---|---|---|
| 6장 | 사슬의 특징 | 117 |

    6.1 스마트 컨트랙트    117
        ① 스마트 컨트랙트란 무엇인가?    118
        ② 사슬 스마트 컨트랙트의 특징    120
    6.2 이중 체인    122
    6.3 저장 공간 확보    125
        ① 머클트리란?    125
        ② 머클트리의 활용    127

|       | ③ 데이터 보관의 보상 구조 설계 | 130 |
|---|---|---|
|       | 6.4 스마트 컨트랙트 동시 처리 | 132 |
|       | ① 전통 방식: 브릿지 | 132 |
|       | ② 스마트 컨트랙트의 동시 처리 | 136 |
|       | ③ 실제 적용: NFT 발행 티켓 구매 | 139 |
|       | 6.5 사회적 랜덤의 구현 | 141 |

## 7장　사슬의 가치　　　　　　　　　　　　　　145

    7.1 사회적 의의　　　　　　　　　　　　　　146
    7.2 경제적 의의　　　　　　　　　　　　　　149
    7.3 문화적 의의　　　　　　　　　　　　　　151
    7.4 기술적 의의　　　　　　　　　　　　　　154

# 3부　블록체인에 대한 오해와 질문들

## 8장　지갑　　　　　　　　　　　　　　　　　161

    8.1 지갑이란?　　　　　　　　　　　　　　　161
    8.2 A지갑에서 B지갑으로 전송이 가능한가요?　　164
    8.3 핫 월렛과 콜드 월렛　　　　　　　　　　167
    8.4 시드 구문, 개인키, 키파일　　　　　　　　170

## 9장　코인과 토큰은 무슨 차이인가요?　　　　　177

    9.1 메인넷 유무의 차이　　　　　　　　　　　178
    9.2 기술적 정의: 생성 위치의 차이　　　　　　178

|  |  |  |
|---|---|---|
|  | 9.3 쓰임과 경제적 역할 | 179 |
|  | 9.4 생성 난이도와 구조의 차이 | 179 |
|  | 9.5 분배 구조와 소유권 | 180 |
|  | 9.6 결론 | 180 |

## 10장 NFT는 무엇인가요? — 183

    10.1 NFT란 무엇인가? — 183
    10.2 기존 NFT의 한계 — 184
    10.3 사슬에서 바라보는 NFT — 185

## 11장 비트코인이 1초 만에 전송되는 서비스가 가능한가요? — 191

    11.1 블록체인의 속도는 왜 늘 문제가 되는가? — 191
    11.2 1초 전송은 어떻게 가능한가? 블록체인을 벗어난 해결책 — 192
    11.3 레이어 2의 구조적 한계 — 194
    11.4 레이어 2는 결국 또 다른 '중앙 시스템'인가? — 196
    11.5 결론: 빠른 속도보다 중요한 것 — 197

## 12장 블록체인도 해킹을 당했다는데, 해킹이 가능한가요? — 199

    12.1 블록체인과 관련된 해킹의 실제 대상들 — 200
        ① 암호화폐 거래소 — 200
        ② 브릿지 — 202
        ③ 지갑 애플리케이션 — 205
        ④ 개인의 관리 소홀 — 206
    12.2 51% 공격으로 해킹이 가능하지 않나요? — 208

## 13장   사슬은 모바일 채굴이 불가능한가요?   211

### 13.1 에어드랍이란?   212
### 13.2 모바일 채굴의 현실   213
　① 채굴의 경쟁 환경   213
　② 전력 소모와 발열 문제   214
　③ 경제성 부재   214
　④ 모바일 채굴 애플리케이션   214
　⑤ 예외적인 경우: 소규모 프로젝트   215
### 13.3 결론   215

## 14장   블록체인에서 포크가 무엇인가요?   217

### 14.1 포크의 개념   217
　① 일시적 분기   218
　② 합의 규칙 변경에 의한 포크   219
### 14.2 하드 포크의 기술적 난이도   220
　① 탈중앙화의 한계   220
　② 기술적 위험과 비가역성   222
　③ 해시파워의 확보   222
### 14.3 하드 포크가 오래 걸리는 이유   223

마무리하며   227

# 1부
# 블록체인이란 무엇인가?

우리는 이미 블록체인의 시대에 살고 있습니다. 뉴스, 신문, 인터넷 등 다양한 매체를 통해 블록체인과 관련된 용어들을 흔히 접할 수 있습니다. 하지만 일반인의 입장에서는 이 분야의 전문 용어 하나하나가 어렵고 낯설게 느껴지기 마련입니다. 인공지능이나 빅데이터처럼 다른 최신 기술들도 마찬가지지만, 유독 블록체인에 대해서는 설명이 부실하거나 잘못 전달되는 경우가 많습니다. 이 때문에 혼자 공부를 시작하더라도 수많은 모순과 혼란 속에서 방향을 잃기 쉽습니다.

이번 장에서는 블록체인의 간단한 역사와 더불어 가장 기본이 되는 용어들을 중심으로 블록체인을 소개합니다. 처음에는 낯설고 어색할 수 있지만, 열린 마음으로 차근차근 따라오다 보면 분명히 이해의 실마리를 잡을 수 있을 것입니다.

# 1장

# 블록체인의 역사

## 1.1 비트코인의 탄생(2008~2014)

블록체인의 역사는 비트코인의 탄생과 함께 본격적으로 시작됩니다. 2008년 나카모토 사토시Nakamoto Satoshi라는 익명의 인물이 발표한 기술 백서Whitepaper* "Bitcoin: A Peer-to-Peer Electronic Cash System"은 블록체인이라는 기술 개념을 실제 적용 가능한 형태로 구현한 최초의 사례였습니다. 이 백서에서 제안된 비트코인은 정부나 중앙은행 없이 개인 간에 직접 주고받을 수 있는 디지털 화폐였고, 이를 가능하게 한 핵심 기술이 바로 '블록체인'이었습니다.

* 특정 기술 분야에 대한 포괄적인 정보를 담은 문서를 의미합니다.

비트코인이 등장한 시기는 2008년 글로벌 금융위기와 맞물려 있습니다. 당시 미국 금융 시장에서는 무분별하게 설계된 파생상품들이 대량으로 발행되고 있었고, 이는 금융 시스템 전반의 구조적 부실을 드러내는 계기가 되었습니다. 특히 '서브프라임 모기지'라 불리는 고위험 주택담보대출이 증권화되어 복잡한 파생상품으로 재포장된 채 전 세계에 유통되었고, 2008년 리먼 브라더스의 파산은 이러한 구조의 붕괴를 보여주는 상징적인 사건이었습니다. 이로 인해 금융시장은 연쇄적인 도산과 유동성 위기를 겪게 됩니다.

비트코인은 이러한 금융위기의 직접적인 원인이나 피해 구조를 해결하기 위한 수단으로 고안된 것은 아니지만, 분명한 것은 그 배경에 대한 문제의식이 반영되어 있다는 점입니다. 당시 위기의 핵심은 금융기관들이 책임감 없이 고위험 상품을 설계하고 판매했다는 것이었고, 결국 그 피해는 일반 투자자와 국민들에게 전가되었습니다.

위기를 수습하기 위해 미국 정부는 수천억 달러에 이르는 구제금융Bailout을 단행하며 대형 금융기관들을 지원했습니다. 이는 시장의 안정화를 위한 조치였지만, 동시에 몇 가지 근본적인 의문을 제기하게 만들었습니다.

왜 시스템을 위협한 주체들은 처벌받지 않고 오히려 구제받는가?
왜 잘못된 결정을 내린 소수가 아니라 다수의 국민이 그 피해를 감당해야 하는가?

이러한 의문은 기존 금융 시스템에 대한 근본적인 회의로 이어졌습니다. 중앙은행이나 국가, 대형 금융기관처럼 막강한 권위를 가진 중앙 주체들은 위기를 초래하고도 책임을 회피하거나 정부의 지원을 받을 수 있었지만, 그 비용은 결국 국민 전체가 인플레이션과 세금으로 떠안게 되었기 때문입니다.

### Bitcoin: A Peer-to-Peer Electronic Cash System

Satoshi Nakamoto
satoshin@gmx.com
www.bitcoin.org

**Abstract.** A purely peer-to-peer version of electronic cash would allow online payments to be sent directly from one party to another without going through a financial institution. Digital signatures provide part of the solution, but the main benefits are lost if a trusted third party is still required to prevent double-spending. We propose a solution to the double-spending problem using a peer-to-peer network. The network timestamps transactions by hashing them into an ongoing chain of hash-based proof-of-work, forming a record that cannot be changed without redoing the proof-of-work. The longest chain not only serves as proof of the sequence of events witnessed, but proof that it came from the largest pool of CPU power. As long as a majority of CPU power is controlled by nodes that are not cooperating to attack the network, they'll generate the longest chain and outpace attackers. The network itself requires minimal structure. Messages are broadcast on a best effort basis, and nodes can leave and rejoin the network at will, accepting the longest proof-of-work chain as proof of what happened while they were gone.

비트코인 백서의 일부

비트코인을 만든 나카모토 사토시는 이러한 중앙화된 금융 시스템의 문제를 비판하며 2009년 1월 최초의 블록인 '제네시스 블록'에 다음과 같은 문구를 남깁니다.

"The Times 03/Jan/2009
Chancellor on brink of second bailout for banks"

이는 단순한 뉴스 인용이 아니라 비트코인의 출현 배경과 철학을 상징적으로 드러내는 메시지였습니다. 즉, 누구도 조작하거나 통제할 수 없는 새로운 형태의 금융 시스템, 다시 말해 **중앙기관 없이도 작동할 수 있는 시스템 기반의 신뢰 체계**를 제시한 것입니다.

이러한 철학에서 비롯된 비트코인의 가장 대표적인 특징은 '탈중앙화'입니다. 기존 금융 시스템은 중앙 기관의 신뢰를 전제로 설계되어 있으며, 대부분의 경제 활동은 국가나 은행 같은 중앙 주체에 대한 신뢰를 기반으로 이뤄집니다. 그러나 비트코인은 이러한 신뢰를 '사람'이나 '기관'이 아닌 '시스템'에 맡깁니다. 누구나 열람할 수 있는 분산된 장부, 암호학적 검증, 공개된 코드 기반 위에서 경제 활동이 가능해진 것입니다.

결국 비트코인은 기존 금융 시스템에 대한 반작용으로 태어난 기술입니다. 그것은 단순한 디지털 화폐가 아니라 **중앙화된 권력과 신뢰 구조에 대한 대안**이자 위기 이후 새로운 금융 질서에 대한 실험이기도 합니다. 블록체인은 바로 이 비트코인의 구조적 기반으로, 탈중앙화된 신뢰 시스템을 가능하게 한 핵심 기술입니다.

비트코인은 금융위기 직후 태어난 만큼 기존 금융 시스템에 대한 불신 속에서 탈중앙화라는 개념을 상징적으로 구현한 기술로 평가받습니다. 이후 몇 년간 비트코인은 천천히 대중의 관심을 끌기 시작했고, 점점 더 많은 사람들이 이 새로운 형태의 돈에 주목하게 됩니다. 하지만 그 가능성과 한계는 아직 명확히 드러나지 않았고, 기술적으로도 '화폐' 이상의 기능을 하지는 못했습니다.

## 1.2 이더리움의 등장(2015~2017)

이더리움이 등장하기 전까지도 비트코인 외에 여러 블록체인 프로젝트들이 존재했습니다. 하지만 이들 대부분은 기술적으로 비트코인과 큰 차이가 없었고, 새로운 패러다임을 제시했다고 보기는 어려웠습니다. 그래서 일반적으로 블록체인의 역사를 이야기할 때 **1세대는 비트코인, 2세대는 이더리움**으로 구분합니다.

비트코인이 '디지털 금'에 가까운 개념이라면, 이더리움은 블록체인을 하나의 '컴퓨터'로 확장한 개념입니다. 2015년 비탈릭 부테린Vitalik Buterin에 의해 정식 출시된 이더리움은 단순한 화폐 기능을 넘어 누구나 블록체인 위에 자신만의 프로그램을 올릴 수 있는 스마트 컨트랙트Smart Contract 기능을 도입했습니다. (스마트 컨트랙트에 대한 자세한 설명은 이후에 다루겠습니다.)

**Ethereum White Paper**
A NEXT GENERATION SMART CONTRACT & DECENTRALIZED APPLICATION PLATFORM
*By Vitalik Buterin*

When Satoshi Nakamoto first set the Bitcoin blockchain into motion in January 2009, he was simultaneously introducing two radical and untested concepts. The first is the "bitcoin", a decentralized peer-to-peer online currency that maintains a value without any backing, intrinsic value or central issuer. So far, the "bitcoin" as a currency unit has taken up the bulk of the public attention, both in terms of the political aspects of a currency without a central bank and its extreme upward and downward volatility in price. However, there is also another, equally important, part to Satoshi's grand experiment: the concept of a proof of work-based blockchain to allow for public agreement on the order of transactions. Bitcoin as an application can be described as a first-to-file system: if one entity has 50 BTC, and simultaneously sends the same 50 BTC to A and to B, only the transaction that gets confirmed first will process. There is no intrinsic way of determining from two transactions which came earlier, and for decades this stymied the development of decentralized digital currency. Satoshi's blockchain was the first credible decentralized solution. And now, attention is rapidly starting to shift toward this second part of Bitcoin's technology, and how the blockchain concept can be used for more than just money.

이더리움 백서의 일부

이더리움은 스마트 컨트랙트라는 획기적인 기능을 통해 블록체인의 활용 범위를 넓혔습니다. 비트코인이 단순히 비트를 전송하고 보관하는 역할에 그쳤다면, 이더리움은 그 위에서 다양한 응용 프로그램을 구동할 수 있는 환경을 제공했습니다. 이로 인해 블록체인이 단순한 화폐 기술이 아니라 탈중앙화된 응용 플랫폼이 될 수 있다는 인식이 확산되기 시작했습니다. 물론 인식의 확장이 이루어졌다는 것이지, 기술적으로 구현이 됐다는 것은 아닙니다. 이더리움은 가능성을 보여준 기념비적인 기술이지만, 동시에 이더리움으로는 구현할 수 없는 응용 플랫폼이 훨씬 더 많았습니다.

스마트 컨트랙트 덕분에 이더리움에서는 누구나 손쉽게 자체 토큰Token을 발행할 수 있게 되었고, 2017년에는 이를 활용한 ICO Initial Coin Offering 열풍이 전 세계적으로 불었습니다. 수많은 프로젝트들이 이더리움을 기반으로 자금을 조달했고, 이 시기를 기점으로 블록체인은 실험적인 기술 단계를 넘어 투자와 생태계 확장의 시대로 진입하게 됩니다.

물론 이러한 급속 성장에는 부작용도 따랐습니다. 신뢰할 수 없는 프로젝트나 사기성 ICO가 난립하면서 블록체인의 신뢰도에 타격을 입혔고, 기술의 가능성과 위험성이 동시에 부각되는 계기가 되기도 했습니다.

기술적인 측면에서도 이더리움은 비트코인에 비해 여러 면에서 발전된 구조를 갖추고 있었습니다. 예를 들어 비트코인은 하나의 거래가 완전히 처리되는 데 약 한 시간이 걸립니다. 이는 글로벌 금융 관점에서 보면 매우 빠른 편이지만, 일상생활에서 사용하기에는 비효율적입니다. 반면 이더리움은 당시 기준으로 약 1분 30초 안에 거래가 처리될 수 있었고, 이는 블록체인 기술의 실용성을 한층 끌어올린 중요한 진전이었습니다. 물론 이 속도도 일상적인 결제 시스템에 비하면 여전히 느린 편이지만, 비트코인과 비교하면 큰 개선이라 볼 수 있습니다.

## 1.3 블록체인의 난립(2018~ )

이더리움 이후 블록체인 생태계는 폭발적인 변화를 겪습니다. 다양한 블록체인이 등장하며 각기 다른 접근 방식을 시도하게 되었습니다.

이 시기에 비트코인과 이더리움 모두 TPS(초당 거래 수)가 매우 낮아 실사용에 적합하지 않다는 비판을 받기 시작했습니다. 그래서 2018년부터는 빠른 블록체인이 각광을 받기 시작했습니다. 너도나도 할 것 없이 속도를 빠르게 하는 데 치중했고, 그 결과 수많은 블록체인이 등장합니다. 그러나 이들은 속도에 치중한 나머지 블록체인의 다른 기본 원칙들을 무시하거나 포기했고, 결과적으로 블록체인이라고 부르기 어려운 지경에 이르렀습니다.

또한 앞서 서술했던 ICO는 기술 발전의 완벽한 걸림돌이 되었습니다. 블록체인 개발은 성공을 보장하기 어렵고, 시간과 노력, 자금이 매우 많이 들어가는 개발입니다. 특히 기존의 개발 방식과 완전히 다른 탈중앙 시스템의 구현은 많은 개발자들로 하여금 거대한 벽을 느끼게 만들었습니다. 실제로 지금까지도 블록체인 자체를 개발하는 개발자는 극소수, 손가락으로 셀 수 있을 정도이며, 대부분은 스마트 컨트랙트 및 dApp 개발자에 불과합니다.

이런 현실 속에서 ICO는 쉽고 빠르게 돈을 벌 수 있는 수단이 되었습니다. 기술력이나 프로젝트의 비전, 신뢰도와는 무관하게 토큰을 발행하고 토큰 판매를 통해 돈을 벌 수 있었기 때문입니다. 그래서 이 시기에 블록체인 업계에서는 속된 말로 '개발을 하면 바보다'라는 말이 정설일 정도였습니다. 어떻게 하면 보다 창의적이고 미래 지향적으로 보일 수 있을지를 고민하고, 사람들을 현혹시킬 수 있는 문구나 단어인지를 고민했습니다.

이 분위기는 지금까지 이어졌고, 이더리움 이후 그 어떤 블록체인도 이더리움에 비해 기술적으로 진보하지 않았습니다. 그리고 누군가 진정성 있게 개발한다는 사실을 그 누구도 믿지 않게 되었습니다. 블록체인 시장은 실제 기술력보다는 키워드 싸움으로 변질되었고, 생태계의 크기나 암호화폐의 시가총액 등으로 블록체인을 평가하는 머니게임이 되었습니다.

## 1.4 새로운 기술의 개발: 사슬

블록체인 기술은 지난 10여 년 동안 빠르게 성장해 왔지만, 기술적 진보 자체는 어느 순간부터 정체된 듯한 모습을 보이고 있습니다. 실제로 이더리움 이후 수많은 프로젝트들이 등장했지만, 대부분은 기존 기술을 재구성하거나 응용하는 수준에 머무르고 있으며, 새로운 패러다임을 제시한 사례는 드뭅니다. 그러나 그 와중에도 여전히 진정성 있는 개발을 이어가는 시도들이 존재하며, 그 중 하나가 바로 사슬SASEUL이라는 프로젝트입니다.

사슬은 2018년부터 개발이 시작된 블록체인으로, 이른바 '3세대 블록체인'을 목표로 하고 있습니다. 블록체인의 세대를 나누는 명확한 기준은 존재하지 않지만, 일반적으로는 새로운 기술적 패러다임을 제시하고 기존 한계를 극복한 시도를 새로운 세대의 시작으로 간주합니다. 예컨대 1세대는 비트코인을 중심으로 한 탈중앙화된 디지털 화폐 시스템, 2세대는 이더리움과 같은 스마트 컨트랙트 기반의 탈중앙화 플랫폼이었다면, 3세대는 이제 **실제 문제를 해결할 수 있는 기술적 완성도**를 요구받는 단계라 할 수 있습니다.

이전까지의 블록체인이 블록체인의 가능성을 보여주는 '시작점'이었다면, 3세대 블록체인은 이제 그 가능성을 실제로 구현해내는 데 초점을 맞춰야 합니다. 다시 말해, 블록체인이 사회적 신뢰와 경제 시스템을 대체하거나 보완할 수 있는 수준으로 발전하기 위해서는 이론이 아닌 실질적인 성능과 구조적 완성도가 뒷받침되어야 합니다. 단순히 '탈중앙화'라는 이상만을 외치는 것이 아니라, 그 이상을 실현 가능한 기술로 연결하는 구체적인 메커니즘이 필요합니다.

이러한 점에서 사슬은 중요한 시사점을 제공합니다. 사슬은 단지 기존의 블록체인 구조를 반복하는 것이 아니라, 블록체인의 태생

적 문제인 확장성, 탈중앙성, 보안성 간의 트릴레마Trilemma를 원천
적으로 해결하고자 하는 기술 철학을 바탕으로 개발되었습니다.
또한 사슬은 단순한 처리 속도의 성능 향상에 그치지 않고 블록체
인의 핵심인 신뢰의 구성 방식 자체를 근본적으로 재설계합니다.
'시스템에 의한 신뢰', '인간 개입 최소화'는 사슬의 핵심 철학이
며, 이는 블록체인의 본래 목표에 더욱 충실한 방향이라 할 수 있
습니다.

지금의 블록체인 산업은 암호화폐 시장과 혼재되어 있으며, 많은
사람들은 블록체인을 곧 암호화폐 또는 투기의 수단으로 인식하
고 있습니다. 암호화폐, 유틸리티 토큰, 스테이블 토큰 등 복잡한
용어들이 넘쳐나고, 그 속에서 기술은 종종 본래의 의미를 잃어버
리곤 합니다. 물론 암호화폐와 블록체인은 본질적으로 분리할 수
없는 관계에 있지만, 양자는 동일한 개념이 아니며, 암호화폐는 블
록체인 기술의 활용 사례 중 하나에 불과합니다.

지금의 암호화폐 시장은 주식시장과 매우 유사한 구조를 갖고 있
으며, 그 전망과 투자의 영역은 각자의 판단에 맡겨져야 할 것입
니다. 그러나 블록체인은 **기술의 영역**이며, 기술에는 편법이 존재하
지 않습니다. 즉, 실제로 구현되고 작동해야 하며, 이론이 아닌 현
실 속에서 시스템이 의도한 대로 움직여야 합니다. 그렇기 때문에
블록체인은 원칙에 충실해야 하며, 기술 그 자체로서의 정직함을
요구받습니다.

나카모토 사토시가 비트코인을 세상에 선보이며 남긴 짧은 메시지는 단순한 문장이 아니라 기존 금융 시스템에 대한 강한 문제의식과 철학을 담고 있었습니다. 이는 시스템에 의한 신뢰, 인간의 개입을 최소화한 구조, 그리고 거대한 중앙 권력이 아닌 프로토콜 및 시스템에 의해 운영되는 세상을 상징합니다. 사토시가 구현하고자 했던 것은 단순한 디지털 화폐가 아니라 인간의 탐욕과 실수로부터 자유로운 시스템, 자율적으로 작동하는 신뢰였습니다.

이러한 맥락에서 보면 블록체인이 추구하는 궁극적인 목표는 다소 디스토피아Dystopia적으로 들릴 수도 있습니다. '인간이 개입할 수 없는 시스템'이라는 말은 얼핏 차가운 인공지능 사회를 연상시킬 수도 있지만, 이는 **중앙 권력의 남용과 오류로부터 인간을 보호하고 신뢰를 기술로 대체하려는 철학적 시도**라고도 볼 수 있습니다.

결국 블록체인은 단지 화폐나 플랫폼이 아닌, 새로운 사회 질서를 모색하는 기술적 실험입니다. 그리고 그 실험은 여전히 진행 중이며, 사슬과 같은 프로젝트는 그 실험을 더욱 진지하게, 더욱 기술적으로, 그리고 철학적으로 밀고 나가려는 시도라 할 수 있습니다.

## 1.5 마무리하며

블록체인의 역사는 아직 '완성'이 아닌 '진행 중'입니다. 비트코인으로 시작된 혁신은 이더리움을 거쳐 다양한 실험과 실패, 도전을 통해 계속 진화하고 있습니다. 블록체인은 단순한 기술을 넘어서 신뢰, 권력 구조, 정보의 흐름 등 사회 전반의 근본을 다시 설계하려는 시도입니다.

따라서 블록체인을 이해하려면 단지 기술적 구조만이 아니라 그 배경에 담긴 철학과 가치관까지 함께 들여다봐야 합니다. 앞으로 이 기술이 어떤 모습으로 발전하게 될지는 아직 알 수 없지만, 분명한 것은 블록체인이 이미 우리 삶에 깊숙이 들어와 있고, 그 영향력은 계속 커질 것이라는 점입니다.

# 2장

# 블록체인이란?

앞서 블록체인의 역사에 대해 살펴보았지만, 정작 '블록체인이 무엇인가'에 대한 설명은 아직 하지 않았습니다. 블록체인은 다양한 방식으로 정의할 수 있지만, 짧은 설명만으로는 일반인들  이 온전히 이해하기 어렵습니다. 그래서 이번 장에서는 블록체인을 가능한 한 쉽게 풀어서 설명해보려 합니다.

특히 블록체인이 기술적으로 어떤 점에서 독특한지, 또 기존 시스템과 무엇이 어떻게 다른지에 초점을 맞춰 이해해보는 것이 목적입니다. 아울러 블록체인을 이해하는 데 필요한 일부 전문 용어들도 최대한 쉽게 설명하면서 개념을 보다 명확히 전달하고자 합니다.

## 2.1 블록체인의 정의

블록체인은 거래나 데이터를 블록 단위로 묶고,
시간 순서대로 연결하여 체인처럼 이어나가는 구조의 분산형 시스템입니다.

이 데이터는 중앙 서버가 아니라 전 세계에 분산된 컴퓨터들(노드)이 함께 저장하고 관리합니다. 모든 참여자가 동일한 기록을 갖고 있어 조작이 사실상 불가능하며, 신뢰를 사람이나 기관이 아닌 '시스템' 자체로부터 얻습니다.

위 문장은 일반인을 위해 설명한 블록체인의 정의입니다. 복잡한 기술을 몇 문장으로 표현하다 보니 100% 정확한 정의는 될 수 없지만, 필요한 내용들은 어느 정도 담겨 있다고 볼 수 있습니다. 이해하기 어려운 문장은 아니지만, 그렇다고 완전한 이해를 하기에는 다소 난해합니다. 시간 순서, 분산형 시스템, 노드 등은 기초적인 단어이지만 한눈에 와닿지 않습니다. 그러므로 우선 블록체인에서 사용하는 용어들을 먼저 하나씩 풀어서 배워보도록 하겠습니다. 그리고 용어들을 배우면서 자연스럽게 블록체인의 정의와 구조를 이해하도록 하겠습니다.

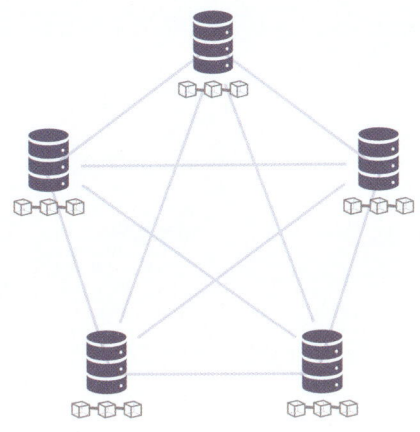

블록체인 기본 구조

## 2.2 블록체인 기초 용어

### ① 트랜잭션

트랜잭션Transaction은 블록체인에서 '상태의 변화를 요청하는 행위'라고 이해할 수 있습니다. 이 개념을 보다 쉽게 설명하기 위해 비트코인을 예로 들어보겠습니다.

예를 들어 A가 1비트를 가지고 있고, B는 2비트를 가지고 있다고 가정해봅시다. 이때 A가 B에게 1비트를 보내기로 하면 A의 잔고는 0이 되고, B의 잔고는 3이 됩니다. 이처럼 **누군가의 상태, 즉 보유한 자산의 양이 바뀌는 행위**가 발생하는데, 이 과정을 블록체인에서는 **트랜잭션**이라고 부릅니다.

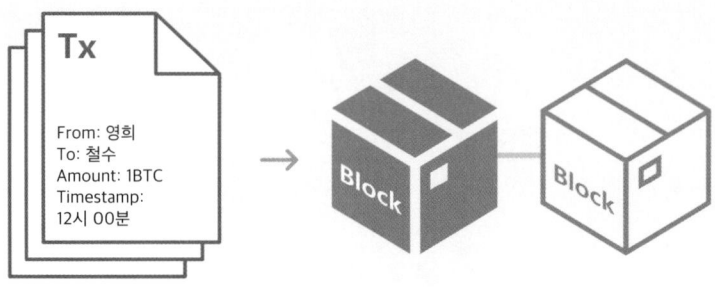

트랜잭션 단순화

물론 상태Status는 단순히 '잔고'만을 의미하지는 않습니다. 스마트 컨트랙트가 존재하는 플랫폼에서는 계약의 조건, 프로그램의 결과 등 다양한 정보가 상태에 포함될 수 있지만, 이해를 돕기 위해 여기서는 잔고를 예로 들었습니다.

블록체인에서 일어나는 모든 상태 변화는 반드시 트랜잭션의 형태로 기록됩니다. 즉, 누군가가 무언가를 요청하고 그로 인해 어떤 상태가 바뀌는 모든 행위는 트랜잭션이라고 볼 수 있습니다.

이 트랜잭션에는 중요한 특징이 하나 있습니다. 바로 트랜잭션에는 해당 트랜잭션이 언제 발생했는지를 기록하는 '시간 정보', 즉 타임스탬프Timestamp가 반드시 포함된다는 점입니다.

타임스탬프는 단순히 시간 정보 이상으로, 블록체인 전체의 순서를 정리하고 체계를 유지하는 핵심 도구입니다. 블록체인은 기본적으로 시간의 흐름에 따라 블록이 차례로 연결되는 구조이기 때문에 각 트랜잭션이 언제 발생했는지를 정확하게 기록하는 것이 매우 중요합니다. 이 시간 정보는 이후 블록을 만들고 검증할 때도 중요한 기준으로 작용하게 됩니다.

요약하자면, 트랜잭션은 블록체인에서 '변화를 요청하는 모든 행위'이며, 이 행위가 언제 발생했는지를 함께 기록함으로써 블록체인은 변조할 수 없는, 시간 순서대로 정렬된 신뢰할 수 있는 데이터를 만들어냅니다. (트랜잭션에는 Tx Hash라든가 다른 정보들이 같이 기록되지만, 블록체인 이해의 범주를 넘어 생략했습니다.)

② **블록**

이름부터 '블록체인'인 만큼 블록Block에 대한 설명은 빼놓을 수 없습니다. 앞에서 우리는 트랜잭션이 무엇인지 이해했습니다. 이제 이를 바탕으로 블록이 어떤 역할을 하는지 살펴보겠습니다.

가장 쉽게 설명하자면 블록은 트랜잭션 여러 개가 담겨 있는 하나의 박스입니다. 블록체인에서는 수많은 트랜잭션이 발생하고, 이들을 시간 순서에 따라 하나의 블록 단위로 정리합니다. 각각의 박스를 우리는 '블록Block'이라고 부릅니다. 예를 들어보겠습니다.

- A는 1비트를 가지고 있고,
- B와 C는 각각 0비트를 가지고 있습니다.

- 12시 00분에 A는 B에게 1비트를 송금하고,
- 12시 05분에 B는 C에게 다시 1비트를 송금합니다. (전송 수수료는 생략합니다.)

이 경우 두 개의 트랜잭션이 발생합니다.

첫 번째는 A가 B에게 송금한 트랜잭션이며, 두 번째는 B가 C에게 송금한 트랜잭션입니다.

블록체인에서는 먼저 발생한 트랜잭션(A → B)을 1번 블록에, 나중에 발생한 트랜잭션(B → C)을 2번 블록에 기록합니다. 그리고 이 두 블록을 **시간 순서대로 차례차례 연결**합니다.

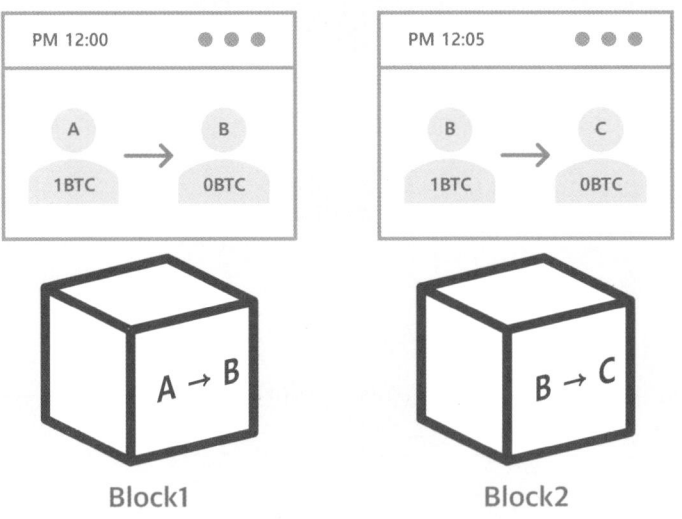

블록과 트랜잭션 단순화

이 흐름이 바로 블록체인의 핵심입니다. 만약 누군가가 2번 블록을 1번 블록보다 먼저 읽거나 처리한다면 문제가 생깁니다. 왜냐하면 A가 B에게 송금하지 않았다면 B는 C에게 보낼 비트를 가지고 있지 않기 때문입니다.

**이처럼 '시간 순서'는 블록체인에서 매우 중요한 개념**이며, 각각의 트랜잭션에는 언제 발생했는지를 기록한 타임스탬프Timestamp가 반드시 포함됩니다. 그리고 이 타임스탬프를 바탕으로 블록들이 생성되고 정리되는 것입니다.

트랜잭션에 타임스탬프가 있다면, 블록에는 해시Hash가 있습니다. 이 해시는 블록의 고유한 이름 같은 것으로, 우리는 이를 블록 해시Block Hash라고 부릅니다. 해시는 암호학적인 방식으로 생성되며, 블록을 식별하고 서로 연결하는 데 사용됩니다.

각 블록은 **자신의 블록 해시와 이전 블록의 해시 값을 함께 저장**합니다. 이것이 체인을 형성하는 방법입니다.

예를 들어,

- 1번 블록의 이름이 '강아지',
- 2번 블록은 '고양이',
- 3번 블록은 '원숭이'라고 하면,

1번 블록은 '강아지'라는 이름만 가집니다.

2번 블록은 '강아지'(이전 블록의 해시)와 '고양이'(자기 해시)를 모두 기록합니다.

3번 블록은 '고양이'와 '원숭이'를 가지고 있는 식입니다.

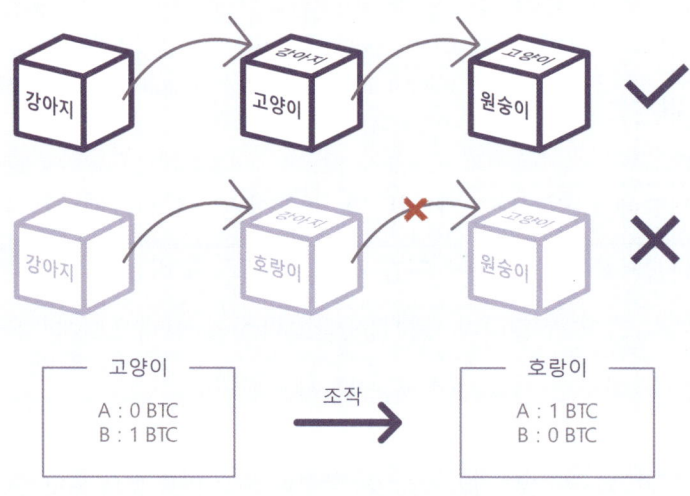

블록 해시의 연결 예시

그래서 블록들은 강아지-고양이, 고양이-원숭이의 순서로 이어지게 됩니다. 또한 블록체인에서는 블록 안에 들어 있는 내용이 바뀌면 블록의 이름인 블록 해시도 달라지게 됩니다. 고양이 안에 저장된 정보가 바뀌는 순간 블록 해시 역시 고양이에서 호랑이로 바뀌는 것입니다. 이러한 특성 때문에 블록체인에서는 블록의 정보를 함부로 수정할 수 없습니다. 수정하는 순간 블록 간의 연결 고리가 전부 끊어지기 때문입니다. 내용과 블록 해시를 전부 수정하면 되지 않느냐고 생각할 수도 있지만, 블록 해시는 내용을 암호화해서 얻는 결괏값입니다. 그래서 블록의 내용이 달라졌음에도 블록 해시를 그대로 유지하는 것은 불가능합니다.

강아지-고양이, 고양이-원숭이는 정렬이 자연스럽지만, 강아지-호랑이, 고양이-원숭이는 연결이 부자연스럽습니다. 그러므로 블록체인에서 데이터를 수정하거나 내용을 바꾸기 위해서는 수정하는 블록부터 연결되어 있는 이후의 블록을 전부 수정해야 합니다. 이렇게 각 블록이 이전 블록과 연결된 해시 정보를 포함하고 있기 때문에 블록들을 체인처럼 순서대로 연결할 수 있는 구조가 완성됩니다. 이 연결 구조를 체인Chain이라 부르고, 블록Block + 체인Chain = 블록체인Blockchain이 되는 것입니다.

블록 안에는 이 외에도 다양한 정보가 포함되어 있지만, 일반적인 이해에는 크게 중요하지 않기 때문에 이 가이드에서는 따로 다루지 않겠습니다. 만약 블록체인의 구조나 작동 방식에 더 깊은 관심이 생긴다면, 나중에 추가적으로 공부해보는 것도 좋을 것입니다.

## ③ 서버와 노드

블록체인에 대해 공부하다 보면 '노드Node'라는 단어를 정말 자주 보게 됩니다. 어떤 블록체인은 노드가 몇 개인지, 어떤 노드가 어떤 역할을 하는지, 노드를 어떻게 운영하는지 등 블록체인을 설명할 때 노드는 빠지지 않고 등장합니다. 따라서 노드가 무엇인지 제대로 이해하는 것은 블록체인을 이해하는 데 큰 도움이 됩니다.

우리가 살아가는 지금은 온라인과 디지털 중심의 시대입니다. 사람들은 다양한 프로그램을 사용하며 일상 속에서 편리함을 누리고 있고, 이러한 프로그램들은 대부분 인터넷을 통해 작동하는 서비스 형태로 제공됩니다.

이 서비스들이 제대로 작동하기 위해서는 데이터를 처리해주는 컴퓨터가 필요합니다. 이런 역할을 하는 컴퓨터를 우리는 '서버Server'라고 부릅니다. 예를 들어 은행 애플리케이션에서 송금을 요청하면 그 정보를 처리하는 컴퓨터가 바로 서버입니다. 서버는 데이터를 주고받고, 계산을 하고, 결과값을 사용자에게 돌려주는 역할을 합니다.

전통적인 인터넷 구조에서는 서버가 하나 또는 소수만 존재하고, 이 서버들이 모든 처리를 중앙에서 통제합니다. 이처럼 중심이 되는 서버를 **중앙 서버**라고 부릅니다.

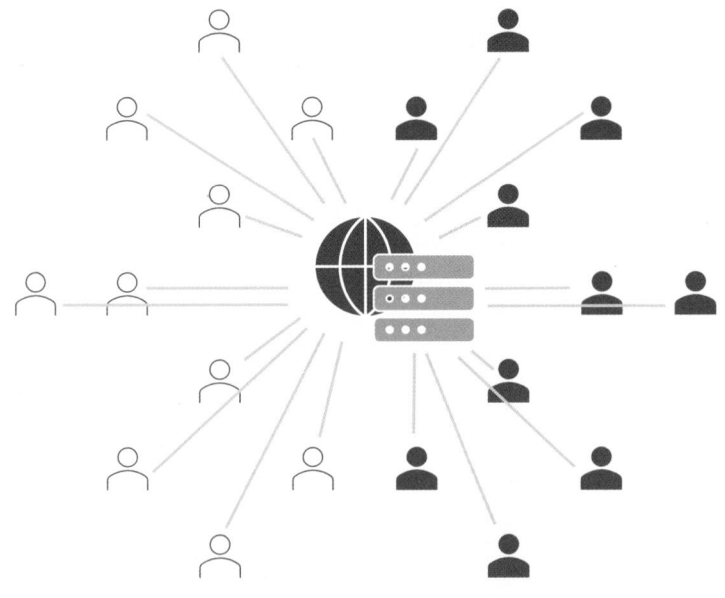

은행의 중앙 서버 단순화

여기까지는 일반적인 서비스 구조입니다. 그렇다면 블록체인은 어떻게 다를까요?

블록체인에서는 서버 한 대가 모든 걸 처리하지 않습니다. 대신 여러 대의 컴퓨터가 함께 나누어 일합니다. 이 각각의 컴퓨터를 블록체인에서는 '노드'라고 부릅니다. 쉽게 말해 **노드는 블록체인 네트워크에 참여하고 있는 컴퓨터**, 또는 그 역할을 하는 참여자를 뜻합니다.

노드도 서버와 비슷한 일을 합니다. 데이터를 주고받고, 계산하고, 결과를 기록합니다.

즉, 서버처럼 작동하는 컴퓨터지만, 중앙이 아닌 네트워크 전체의 일부로서 역할을 나눠 가진다는 점이 다릅니다. 그래서 일반적인 서비스에서는 서버라는 말을 주로 쓰고, 블록체인에서는 같은 역할을 하더라도 노드라는 말을 씁니다.

그 이유는 간단합니다.

- 서버는 보통 중앙에서 모든 걸 통제하는 구조를 떠올리게 하고,
- 노드는 여러 컴퓨터가 서로 나눠서 관리하는 분산된 구조를 나타내기 때문입니다.

정리하자면,

- 서버는 프로그램이나 서비스를 운영하는 컴퓨터이고,
- 노드는 블록체인 같은 분산된 구조에서 참여하는 각각의 컴퓨터입니다. 서버와 노드는 비슷한 일을 하지만, 역할의 방식과 구조적 이미지가 다릅니다. 그래서 블록체인을 이해할 때는 노드를 하나의 독립된 서버처럼 생각하면 조금 더 쉽게 이해할 수 있습니다.

### ④ 탈중앙

이제 우리는 트랜잭션, 블록, 그리고 노드가 무엇인지 이해하게 되었습니다. 그렇다면 지금까지 배운 개념들을 서로 연결해보면서

블록체인이 어떻게 작동하는지 좀 더 전체적으로 살펴보겠습니다.

블록체인은 여러 개의 거래 기록(트랜잭션)을 하나로 묶어 블록을 만들고, 그 블록마다 고유한 이름표(해시)를 붙여 시간 순서대로 이어 붙인 시스템입니다. 이 모든 과정은 사람이 직접 하는 것이 아니라 블록체인에 참여하는 컴퓨터들, 즉 노드들이 처리합니다. 노드는 앞에서 설명한 것처럼 블록체인의 '서버' 역할을 하는 컴퓨터 또는 참여자들입니다.

여기까지 이해했다면 블록체인이 어떤 구조인지 대략적인 윤곽이 잡히기 시작했을 것입니다. 하지만 블록체인을 블록체인답게 만드는 가장 핵심적인 개념, 바로 '탈중앙'이라는 개념이 남아 있습니다.

'노드'라는 말만 들어도 여러 컴퓨터가 분산되어 있다는 이미지가 떠오르기 때문에, 많은 사람들이 노드가 많으면 그 자체로 탈중앙이라고 생각하기 쉽습니다. 하지만 블록체인에서 말하는 '탈중앙'은 단순히 분산되었다는 뜻과는 조금 다릅니다.

일반적으로 컴퓨터나 인터넷 시스템에서는 '분산'이라는 말을 자주 사용합니다.

예를 들어 한 대의 하드디스크에 모든 파일을 저장하는 대신 여러 하드디스크에 나누어 저장하는 것을 '분산 저장'이라고 합니다. 또는 한 대의 서버가 모든 업무를 처리하기 벅찰 때 여러 서버가 역할을 나눠서 처리하는 것도 '분산 처리'라고 합니다.

이처럼 '분산'은 주로 업무나 데이터를 나누는 방식을 의미합니다. 그리고 이런 구조 안에서는 여전히 모든 걸 통제하는 중앙 서버가 존재할 수 있습니다.

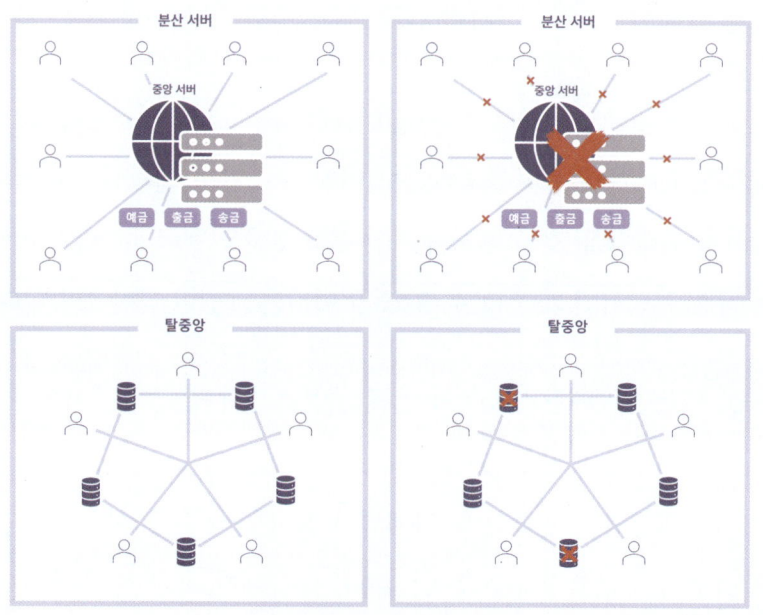

분산 서버와 탈중앙의 차이: 분산 서버는 역할을 나누어 놓았을 뿐,
중앙 서버에 해당하는 서버가 공격을 당하거나 작동을 멈추면 전체 서비스가 중단됩니다.
반면 탈중앙은 노드 몇 개가 작동을 멈추더라도 전체 서비스에는 아무런 지장이 없습니다.

예를 들어 은행에서 예금, 출금, 송금 업무를 처리하는 서버가 있다고 해봅시다.

고객이 많아지자 업무를 나누어 아래와 같이 역할을 분산합니다.

- 예금만 처리하는 서버
- 출금만 처리하는 서버
- 송금만 처리하는 서버

이 서버들은 결국 중앙의 지시와 관리 하에 움직이게 됩니다. 이것이 바로 전통적인 분산 시스템입니다. 업무는 나눴지만 중앙 통제는 여전히 존재하는 구조입니다.

반면 블록체인에서 말하는 탈중앙Decentralization은 이와 다릅니다.

블록체인은 아예 중앙 서버 자체가 존재하지 않습니다. 은행처럼 역할을 나누지 않고, 모든 노드가 같은 역할을 수행하고 같은 데이터를 보유한 상태로 운영됩니다. 즉, 송금, 예금, 출금 등 모든 업무를 한 대의 서버가 아닌 여러 노드들이 각각 동시에 처리하고 저장하는 구조입니다. 이 구조 덕분에 어느 한 노드가 고장이 나거나 사라져도 다른 노드들이 여전히 전체 시스템을 유지할 수 있습니다.

그리고 중요한 점은 이 노드들이 누구의 통제를 받지 않고 독립적으로 작동한다는 점입니다. 어떤 조직이나 개인이 전체 시스템을 마음대로 조종할 수 없게 만들어졌습니다. 이것이 진정한 탈중앙의 의미입니다.

여기서 종종 오해가 생깁니다. '탈중앙'을 정치적인 개념과 혼동해 모두가 평등해야 한다거나, 암호화폐를 똑같이 나눠야 한다고 생각하는 경우가 있습니다. 또는 모든 노드가 꼭 같은 양의 일을 해야 한다고 오해하기도 합니다.

하지만 탈중앙은 정치적인 개념이 아니라 기술적인 개념입니다. 예를 들어 비트코인을 어떤 사람은 100개 가지고 있고, 다른 사람은 0개 가지고 있다고 해서 그 자체가 '탈중앙이 아니다'라고 말할 수는 없습니다.

비트코인이 탈중앙 시스템인 이유는, 누군가의 승인 없이도 누구나 네트워크에 참여할 수 있고, 모든 거래가 중앙의 허락 없이도 노드들 간의 합의로 처리될 수 있기 때문입니다. 자산이 고르게 분배되지 않았다고 해서 블록체인의 구조나 원칙이 중앙화된 것은 아니라는 뜻입니다.

정리하자면,

- 분산은 데이터를 나누거나 역할을 분담하는 구조이고,
- 탈중앙은 중심이 되는 통제 기관 없이 모든 참여자가 독립적으로 움직이는 구조입니다.

블록체인의 핵심은 바로 이 **탈중앙 구조를 기술적으로 구현했다는 데** 있습니다. 그리고 이 원칙을 이해하는 것은 앞으로 다양한 블록체

인을 바라보고 평가할 때 자신만의 기준을 세우는 데도 매우 중요한 출발점이 될 것입니다.

## ⑤ 원장

앞에서 탈중앙 개념을 설명하면서, 아마 한 가지 의문이 생겼을지도 모릅니다. 바로 **'독립적으로 움직이는 노드로 구성되어 있는데 데이터가 과연 정확하게 관리될 수 있을까?'** 하는 의문입니다. 조금 더 쉽게 말하면 누가 누구에게 얼마를 보냈는지, 그 기록이 어떻게 서로 맞춰질까? 라는 문제입니다.

이걸 이해하기 위해 다시 은행의 예로 돌아가 보겠습니다.

은행에서는 중앙 서버가 모든 기록을 관리합니다. 예를 들어 A가 B에게 100원을 보내려고 할 때, 중앙 서버는 A의 잔고를 확인하고, 100원이 없으면 송금을 막고, 있다면 그만큼 차감해서 B에게 보내줍니다.

이처럼 모든 데이터는 하나의 중앙 서버가 책임지고 기록, 관리합니다.

그래서 각기 다른 기능을 수행하는 여러 서버가 있다 하더라도 중심은 하나이고, 하나의 장부를 기준으로 일하게 되니 데이터가 서로 달라질 걱정이 없습니다. (분산 서버의 경우 서버 간 데이터의 동기화를 주기적으로 진행하지만 설명의 범주를 넘어섰다고 판단하여 구체적으로는 말씀드리지 않습니다.)

그렇다면 블록체인은 어떨까요?

앞서 설명했듯이, 블록체인에서는 중앙 서버가 없습니다. 대신 여러 노드(참여 컴퓨터)들이 서로 나누어서 트랜잭션을 처리합니다.

예를 들어 다음과 같은 거래가 있다고 해봅시다.

1. A는 1비트를 가지고 있습니다.
2. A가 B에게 1비트를 보냅니다.
3. B가 다시 C에게 1비트를 보냅니다.
4. C는 마지막으로 D에게 1비트를 보냅니다.

결과적으로, D만 1비트를 가지고 있어야 합니다.

그런데 만약 이 거래들을 각각 다른 노드가 따로 처리했다면 어떨까요?

- A → B 송금은 X노드가 처리
- B → C 송금은 Y노드가 처리
- C → D 송금은 Z노드가 처리

이 경우 Y노드는 반드시 X노드가 처리한 결과, 즉 "B가 1비트를 받았다"는 기록을 알아야만 B가 C에게 돈을 보내는 처리를 할 수 있습니다. 그렇지 않으면 데이터의 처리와 결과가 엉망이 됩니다.

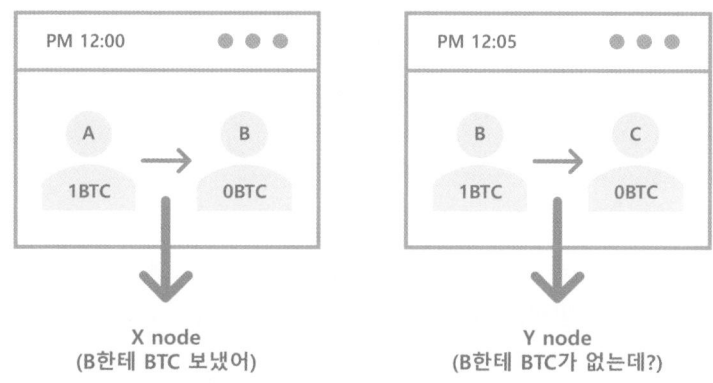

블록 데이터 동기화의 중요성

그래서 블록체인에서는 모든 노드가 동일한 장부를 갖고 있습니다. 이 장부를 흔히 원장Ledger이라고 부릅니다. 쉽게 말해 모든 노드가 똑같은 거래 기록을 갖고 있는 상태인 것입니다.

각 노드는 항상 전체 거래 기록, 즉 블록에 담긴 데이터 뭉치를 서로 동일하게 복사해서 보관하고 있습니다. 또한 새로운 거래로 인해 상태가 달라지면 그 즉시 새로운 거래로 생성된 블록을 동기화합니다. 이렇게 해야 누가 어떤 거래를 했는지, 잔고가 얼마인지 모든 노드가 정확히 판단할 수 있기 때문입니다.

이 구조 덕분에 블록체인은 데이터를 위조하거나 몰래 조작하기가 매우 어렵습니다.

예를 들어 X노드가 누군가의 잔고를 몰래 늘렸다고 해도, Y노드와 Z노드가 갖고 있는 장부와 비교해보면 즉시 그 조작 사실이 드러납니다. 왜냐하면 X노드를 제외한 나머지 노드가 같은 내용을 공유하고 있기 때문입니다. 그래서 블록체인은 데이터 위변조가 어렵고 안전한 시스템으로 평가받습니다.

하지만 이런 구조에는 단점도 있습니다. 바로 **효율성이 떨어진다는 점**입니다.

중앙 서버 방식에서는 한 곳만 장부를 보관하면 되지만, 블록체인에서는 참여하는 노드 수만큼 장부를 복사해서 저장해야 합니다. 노드가 1,000대면 장부도 1,000개가 되는 셈입니다. 그래서 저장 공간도 많이 필요하고, 처리 속도도 상대적으로 느릴 수 있습니다.

정리하자면,

- 블록체인은 모든 노드가 동일한 거래 장부(원장)를 보관합니다.
- 이 덕분에 데이터가 정확하고 조작이 어려우며, 신뢰성이 높습니다.

- 하지만 동일한 데이터를 여러 번 복사해 저장해야 하기 때문에 비효율적인 면도 있습니다.

이처럼 블록체인의 안전성과 느린 속도는 서로 맞물려 있는 구조입니다.

이제 마지막으로, **왜 블록체인에서 노드가 직접 데이터를 보관해야 하는지** 그 중요성에 대해 생각해보겠습니다.

은행 같은 전통적인 시스템에서는 모든 데이터를 중앙 서버가 관리합니다. 그 이유는 은행이라는 중앙 기관이 보관하고 있는 장부를 모두가 신뢰하기 때문입니다. 그에 비해 블록체인에서는 중앙이라는 기관이 존재하지 않으며, 다른 노드를 신뢰하지 않습니다. 블록체인에서 노드는 오직 자신이 보관하고 있는 블록의 데이터를 최우선적으로 신뢰합니다. 따라서 데이터의 처리를 위해서는 자신만의 원장이 필수적이며, 모든 노드는 동일한 블록 데이터를 직접 보관하고 있어야 합니다.

이게 바로 블록체인 시스템에서 매우 중요한 핵심입니다. 블록체인이라고 불리기 위해서는, 참여하는 노드들이 실제로 블록 데이터를 보유하고 있어야 하기 때문입니다.

요즘 많은 블록체인 프로젝트들이 기술력을 자랑하거나, 누구나 노드를 운영할 수 있다고 홍보합니다. 하지만 정말 중요한 건, **그**

**노드가 실제로 블록 데이터를 보관하고 있는지 여부입니다.**

만약 어떤 노드가 데이터를 직접 보관하지 않고, 어딘가 다른 곳의 기록을 참고해서 일을 처리하고 있다면 그건 블록체인처럼 보일 뿐, 완전한 탈중앙 시스템이라고 보긴 어렵습니다.

즉, 블록체인의 진짜 모습은 노드 하나하나가 독립적으로 완전한 장부를 보유하고, 그 장부를 바탕으로 스스로 판단하고 동작하는 구조에 있습니다.

이 부분은 처음에는 다소 낯설고 어려울 수 있지만, 이 원리를 이해하면 블록체인이 어떻게 작동하는지, 그리고 왜 사람들이 '블록체인은 신뢰할 수 있다'고 말하는지를 더 분명하게 알 수 있을 것입니다.

노드가 직접 블록 데이터를 보관하고 있느냐, 이 단 하나의 기준이 그 시스템이 진짜 블록체인인지 아닌지를 판단하는 중요한 기준이 될 수 있습니다.

## ⑥ 합의 알고리즘

블록체인에서 노드들이 동일한 원장을 보유한다는 것까지는 알았습니다. 그럼 어떻게, 어떤 방법을 통해 동일한 데이터를 보유할 수 있는 걸까요? 또한 블록의 데이터가 정확하다는 것을 어떻게 확인할 수 있을까요?

블록체인에 참여한 노드들이 동일한 블록 데이터를 만들고, 만들어진 블록 데이터가 신뢰 가능한지 확인하는 방법을 '합의 알고리즘Consensus Algorithm'이라고 합니다.

> 합의 알고리즘은 분산 네트워크의 여러 노드들이 동일한 데이터에 대해
> 일치된 의견을 형성하도록 만드는 절차 또는 규칙입니다.

대표적인 합의 알고리즘에는 작업증명PoW, Proof of Work, 지분증명PoS, Proof of Stake 등이 있습니다. 물론 이외에도 dPoSdelegated Proof of Stake, PoRProof of Rule, PoHProof of History 등 다양한 합의 알고리즘이 있지만, 설명에는 적합하지 않은 합의 알고리즘이기 때문에 이 책에서는 배제하도록 하겠습니다. 또한 PoW, PoS 등의 합의 알고리즘은 뒤쪽에서 더욱 심도 있게 설명하도록 하겠습니다.

블록체인에서 합의 알고리즘이 중요한 이유는 중앙 서버가 존재하지 않기 때문입니다. 일반적인 서비스에서는 데이터의 신뢰도를 중앙 서버가 보증합니다. 데이터를 만들고, 처리하고, 관리하는 역할의 주체가 중앙 서버 하나이기 때문에 (분산 시스템이어도 중앙 서버의 통제를 받기 때문에 하나로 표현합니다) 혼란이 발생하지 않습니다.

그러나 블록체인에서는 다수의 노드가 참여하여 데이터를 함께 만들어 나갑니다. 그래서 정해진 규칙이 없으면 일관된 데이터를 만들어낼 수 없습니다.

예를 들어 A가 B에게 1비트를 송금하는 요청이 발생했을 때, 참여하고 있는 X, Y, Z 노드가 서로 다른 결과물을 만들어낸다면 이 네트워크는 유지되기 어려울 것입니다. 그래서 블록체인에서는 합의 알고리즘이라는 공통된 규칙을 정해놓고, 참여하는 노드들은 이 규칙을 따르도록 설계되어 있습니다.

만약 특정 노드가 정해진 규칙을 따르지 않는다면 이 노드는 다른 참여 노드에 의해 배제됩니다. 규칙을 따르지 않는 노드의 원장은 규칙을 따르는 노드의 원장과 다를 수밖에 없기 때문입니다.

### ⑦ 보상체계

블록체인에 노드가 참여하여 합의 알고리즘에 따라 데이터를 처리하고, 블록을 생성하고 보관하는 것까지 알아보았습니다. 그렇다면 이렇게 했을 때 참여자들에게는 어떠한 이점이 있을까요?

중앙 서버 시스템과 달리 블록체인은 다양한 노드가 참여할 수 있습니다. 노드는 기관이 설치하여 운영할 수도 있고, 개인이 운영할 수도 있습니다. 그러나 노드 운영에는 비용이 발생합니다. 노드끼리 지속적으로 데이터를 주고받아야 하기 때문에 통신비가 발생하며, 컴퓨터를 켜놓는 동안 전기세가 발생합니다. 이러한 비용들을 컴퓨팅 비용이라고 합니다. 따라서 노드에 참여하는 순간 비용이 발생하므로 노드 운영에는 그만한 보상이 뒤따라야 합니다.

보상으로 지급되는 암호화폐 예시

블록체인에서의 보상이 바로 암호화폐입니다. 암호화폐는 개인 또는 기관이 블록체인의 노드를 운영하고 유지하도록 만드는 일종의 유인책입니다. 비트코인이라는 블록체인에서는 비트라는 암호화폐를 제공합니다. 이때 암호화폐를 지급하는 방식 역시 앞에서 배운 합의 알고리즘에 따라 결정됩니다. 이 과정을 일부에서는 채굴Mining이라고 표현합니다. 보다 정확하게 표현하면, PoW 체인에서는 채굴, PoS 체인에서는 스테이킹Staking이 맞습니다.

즉, 블록체인에서는 개별 참여자들이 자율적으로 노드를 운영할 수 있으며 운영에 대한 대가로 암호화폐를 지급받습니다. 그러나 암호화폐를 지급받는 방식 역시 합의 알고리즘을 따르며, 노드를 운영한다고 해서 반드시 보상을 얻을 수 있는 것은 아닙니다. 노드를 운영하더라도 블록 생성 과정에 참여하지 못한다면 보상을 얻지 못할 수도 있습니다. 그러므로 노드 운영의 보상이 무엇인지, 노드 운영으로 인해 어느 정도의 암호화폐를 획득할 수 있는지 여부는 각 블록체인의 합의 알고리즘에 달려 있습니다.

마지막으로 보상으로 얻는 암호화폐는 물리적으로 얻는 것이 아닙니다. 우리는 지금까지 트랜잭션과 관련된 내용들이 블록에 저장된다는 것을 배웠습니다. 보상을 얻는 과정 역시 '상태'를 변화시키므로 블록에 기록됩니다. 다시 한번 말하지만, 블록체인에서 얻은 암호화폐는 그 기록이 블록에 보관될 뿐입니다.

예를 들어 'X노드가 2025년 1월 1일 12시 00분에 1비트를 보상으로 획득했습니다'와 같이 블록에 기록되어 있을 뿐입니다.

즉, **암호화폐를 어딘가에 '보관'하는 것이 아니라, 블록의 기록을 보고 암호화폐가 있다고 '인정'해주는 것입니다.**

이 개념은 매우 중요합니다. 후에 서술할 지갑 Wallet 과 암호화폐의 보관 부분에서 다시 언급하겠지만 꼭 기억하시기 바랍니다.

## 2.3 마무리하며

블록체인을 이해하는 데 꼭 필요한 개념들을 하나씩 살펴보았습니다. 트랜잭션, 블록, 노드, 탈중앙, 원장, 합의 알고리즘, 보상 구조 등은 모두 서로 유기적으로 연결되어 있으며, 이 요소들이 함께 만들어내는 구조가 바로 '블록체인'이라는 기술의 본질입니다.

이제 앞서 살펴본 내용을 바탕으로 블록체인을 다시 정의해보겠습니다.

블록체인이란, 돈의 송금처럼 어떤 상태Status를 변화시키는 트랜잭션Transaction을 시간 순서에 따라 블록Block이라는 단위로 묶어 저장하는 디지털 장부 시스템입니다. 장부에는 돈의 흐름이 기록될 수도 있고, 프로그램의 처리 과정이 기록될 수도 있습니다. 따라서 블록체인은 하나의 데이터베이스로 보는 것이 타당합니다.

하지만 이 모든 작업은 기존처럼 하나의 중앙 서버가 아니라 여러 개의 노드Node가 자율적으로 참여하여 수행합니다. 이 노드들은 정해진 합의 알고리즘에 따라 서로 협력하며 동일한 블록 데이터를 만들어내고, 그 데이터를 각자 보관합니다. 그리고 이 과정에서 컴퓨팅 자원을 사용한 대가로 각 노드는 보상을 받습니다.

이처럼 블록체인은 단순한 기술이 아니라 신뢰를 시스템 안에서 스스로 만들어내는 새로운 방식이라고 할 수 있습니다.

과거의 인터넷 서비스는 대부분 하나의 중앙 서버가 모든 데이터를 관리하고 통제했습니다. 사용자는 이를 신뢰해야만 서비스를 이용할 수 있었고, 그 신뢰가 깨질 경우 피해를 입기도 했습니다. 2008년 경제 위기처럼 신뢰를 담당하는 기관 또는 주체가 신뢰를 저버리더라도 이용자들은 대응할 수 있는 방법이 없었습니다.

그러나 블록체인은 이 구조를 완전히 바꾸었습니다. 누구 하나의 통제 없이, 참여하는 모든 주체가 데이터를 함께 만들고, 함께 보관하며, 함께 책임지는 구조이기 때문에 시스템 자체가 신뢰의 기반이 되는 것입니다. 즉, 나카모토 사토시Nakamoto Satoshi가 왜 2008년의 사건을 언급하며 비트코인을 세상에 공개했는지 그 이유를 정확히 이해할 수 있습니다.

이러한 방식은 단지 금융 영역을 넘어서 의료, 물류, 행정, 콘텐츠, 게임, 거버넌스 등 수많은 분야로 확장될 수 있는 가능성을 품고 있습니다. 단순히 '암호화폐'를 사고파는 것을 넘어서, 정보의 흐름 자체를 투명하게 만들고, 누구나 참여할 수 있도록 개방하는 기술인 것입니다.

물론 아직도 블록체인은 여러 면에서 미완성의 기술입니다. 속도, 확장성, 규제 문제, 일반 대중의 이해 부족 등 많은 과제가 남아 있습니다. 그러나 분명한 것은 이 기술이 기존 시스템의 한계를 지적하고, 그 대안을 실험할 수 있게 해준다는 점에서 중요한 시대적 전환점이라는 것입니다.

마지막으로 기억해야 할 것은 **블록체인은 기술이지만 동시에 철학**입니다. 기술적인 진보를 이루는 동시에, 그 안에 담긴 신뢰, 자유, 투명성, 탈중앙이라는 가치를 얼마나 진지하게 구현하느냐가 진짜 블록체인의 성패를 가르는 기준이 될 것입니다.

이제 우리는 블록체인이 단지 '돈을 보내는 기술'이 아니라는 것을 알게 되었습니다. 그 안에는 새로운 시대의 질서, 데이터에 대한 신뢰, 권한의 분산이라는 중요한 철학과 구조가 함께 숨 쉬고 있습니다.

이제 시작일 뿐입니다. 블록체인이 향후 어떤 사회적 변화로 이어질지, 그 가능성과 방향을 스스로의 기준으로 판단하고 이해할 수 있는 기초를 여러분은 이미 갖추셨습니다.

# 3장

# 블록체인의 특징

블록체인이 일상생활에서 쓰이기 위해서는 세 가지 조건을 만족해야 합니다. 탈중앙화, 확장성, 보안성이 바로 그것입니다. 그러나 지금까지의 블록체인들은 이 세 조건을 동시에 충족하기 어
렵다는 것이 정설입니다. 이를 블록체인의 트릴레마Trilemma라고 부릅니다. 따라서 블록체인이 다음 세대로 나아가기 위해서는 효율적으로 트릴레마를 극복하고 기술의 진보를 이뤄내야 합니다. 그렇다면 트릴레마는 왜 발생하는 것일까요?

## 3.1 탈중앙화, 확장성, 보안성의 트릴레마

### ① 탈중앙화

탈중앙화Decentralization는 블록체인을 다른 시스템과 구별 짓는 가장 핵심적인 특징입니다. 이름 그대로 '중앙이 없다'는 뜻입니다. 기존의 대부분의 시스템은 중앙 서버 또는 주체가 존재합니다. 예를 들어 은행은 고객들의 예금, 출금, 송금 정보를 모두 자체적으로 관리합니다. 즉, 모든 권한이 하나의 기관에 집중되어 있는 것입니다.

하지만 블록체인은 이 중앙을 없앱니다. 데이터를 처리하는 주체가 단 하나가 아니라 여러 개로 분산됩니다. 이 각각의 주체를 '노드'라고 부르며, 모든 노드가 동일한 데이터를 가지고 있고, 동일한 권한을 갖습니다. 특정 기관이 시스템을 통제하거나 조작할 수 없도록 설계된 구조입니다.

탈중앙화가 중요한 이유는 신뢰 때문입니다. 기존의 중앙 시스템은 그 기관이 '정직하게' 일할 거라는 믿음이 전제되어야 합니다. 그러나 블록체인은 누군가를 신뢰하지 않아도 작동합니다. 누구도 시스템을 장악할 수 없으나 그럼에도 시스템 자체가 정직하게 운영되도록 설계되어 있습니다.

이러한 구조는 더 많은 사람과 기관이 자유롭게 네트워크에 참여할 수 있게 하며, 중개인을 줄이고, 시스템의 투명성을 높입니다.

하지만 노드가 많아지면 조율이 어렵고 속도나 효율이 떨어지는 단점도 함께 발생하게 됩니다. 이것이 트릴레마의 출발점입니다.

② **확장성**

확장성Scalability이란 말 그대로, **시스템이 얼마나 많은 사용자와 데이터를 빠르게 처리할 수 있는지**를 의미합니다. 블록체인이 주목받는 기술인 것은 맞지만, 실제로는 그 처리 속도와 효율성에 많은 제약이 있습니다.

예를 들어 비트코인은 1초에 7건 정도의 거래만 처리할 수 있습니다. 반면 기존의 카드사나 은행 시스템은 수천 건을 동시에 처리합니다. 이 차이는 사용자 수가 늘어날수록 더욱 심각해집니다. 수많은 트랜잭션이 한꺼번에 몰리면 블록체인은 순서를 기다려야 하고, 이로 인해 수수료도 상승하고, 사용자 경험도 떨어지게 됩니다.

왜 이런 문제가 발생할까요? 그것은 블록체인이 '탈중앙'을 유지하기 위해 처리 속도를 희생했기 때문입니다. 모든 노드가 동일한 데이터를 가지고 있어야 하므로, 한 명이 거래를 요청할 때마다 수많은 노드가 그 내용을 검토하고 저장해야 합니다. 이 구조는 보안과 신뢰를 높이지만 효율성을 떨어뜨립니다.

확장성을 개선하기 위한 노력은 계속되고 있습니다. 예를 들어 이더리움은 '샤딩Sharding'이나 '레이어 2Layer 2' 같은 기술을 도입하여 처리 속도를 높이려 하고 있습니다. 하지만 여전히 완벽한 해답은 없고, 확장성을 높이는 과정에서 다른 가치들이 훼손될 수 있는 위험이 존재합니다.

### ③ 보안성

보안성Security은 블록체인 기술이 신뢰를 얻는 또 하나의 중요한 축입니다. 인터넷이 발달하면서 해킹이나 데이터 위·변조 문제가 큰 사회 문제로 떠올랐고, 블록체인은 이를 기술적으로 해결하려는 시도로 등장했습니다. 블록체인의 데이터는 한번 기록되면 다시 수정하기 매우 어렵고, 시스템을 공격하려면 네트워크의 절반 이상을 장악해야 하기 때문에 매우 안전하다고 평가받습니다.

예를 들어 비트코인에서는 누군가 거래 내용을 바꾸려면 이전에 저장된 수많은 블록들의 기록을 동시에 조작해야 합니다. 게다가 그 과정에서 수많은 컴퓨터 자원이 필요하고, 다른 노드들과 내용이 달라지면 바로 드러나기 때문에 사실상 조작이 불가능합니다.

이처럼 보안성은 블록체인이 실제로 사회적인 시스템으로 채택될 수 있는 중요한 기반이 됩니다. 특히 금융, 의료, 행정처럼 민감한 정보를 다루는 분야에서 블록체인의 보안성은 기존 시스템보다 더 큰 강점이 될 수 있습니다.

그러나 보안성을 높이려 할수록 시스템은 더 느려지고 복잡해집니다. 모든 노드가 검증을 해야 하니 속도가 떨어지고, 합의에 도달하는 데도 시간이 걸립니다. 이 때문에 보안성 또한 다른 요소들과 충돌하게 되는 것입니다.

④ 트릴레마

이제 블록체인의 세 가지 주요 특징인 **탈중앙화, 확장성, 보안성**을 한 번에 만족시키기 왜 어려운지 살펴보겠습니다. 이 세 가지를 동시에 만족시키기 어려운 상황을 사람들은 흔히 '블록체인의 트릴레마Trilemma'라고 부릅니다.

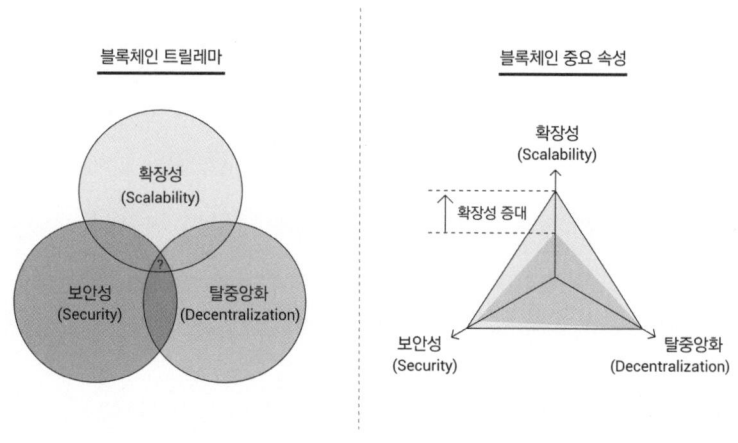

트릴레마 구조도

이 세 가지 중 보안성은 상대적으로 해결이 잘 된 영역입니다. 블록체인은 데이터를 블록이라는 단위로 나누어 저장하고, 각 블록은 암호처럼 복잡하게 연결되어 있습니다. 이 구조 덕분에 누군가 블록 안의 내용을 바꾸려면 엄청난 계산 능력과 에너지가 필요하게 됩니다. 그래서 데이터를 조작하거나 위조하는 것이 매우 어렵습니다. 이 점이 블록체인이 보안에 강하다는 평가를 받는 이유입니다.

하지만 탈중앙화와 확장성, 이 두 가지는 서로 충돌하는 경향이 있습니다.

우선 탈중앙화는 말 그대로 중앙 관리자나 통제자가 없이 시스템이 스스로 운영되는 것을 의미합니다. 전통적인 서비스, 예를 들어 은행이나 인터넷 쇼핑몰은 중앙 서버가 존재하고, 이 서버가 모든 요청을 받아 처리합니다. 사용자가 무언가를 요청하면 중앙 서버는 누구에게 어떤 작업을 맡길지, 언제 처리할지를 정해줍니다. 마치 편지를 보낼 때 수신자가 명확해서 우체국이 정확히 배달할 수 있는 것과 같습니다. 이 구조는 효율적이고 빠릅니다.

반면 블록체인에서는 중앙 서버가 존재하지 않습니다. 누구나 노드를 설치해서 참여할 수 있고, 언제든지 그만둘 수도 있습니다. 누가 참여 중인지, 어느 노드가 어떤 역할을 맡고 있는지 정확히 알 수 없습니다. 심지어 어떤 노드가 실제로 올바르게 작동하고 있는지도 알기 어렵습니다. 바로 이 점이 탈중앙화의 본질입니다. 시스템을 특정한 누군가가 조종하지 않도록 만드는 구조이기 때문에, 노드 간에는 서로 신뢰 없이 정해진 규칙만을 따르며 움직입니다.

하지만 이 구조는 컴퓨터 입장에서 보면 매우 까다롭습니다. 상대가 누구인지, 어디에 있는지 모른 채로 통신해야 하기 때문입니다. 컴퓨터는 원래 'IP 주소'라는 번호를 가지고 서로 통신합니다. 그런데 블록체인은 보안을 위해 IP를 공개하지 않는 구조가 많습니다. 이 때문에 "누구에게 데이터를 보내야 하지?"라는 문제가 생깁니다.

그래서 블록체인에서는 '피어 서치Peer Search'라는 방법을 사용합니다. 피어란 노드를 부르는 다른 말로, 서로 직접 통신하고 데이터를 주고받는 상대방을 의미합니다. 참여한 노드들은 자신이 직접 아는 몇몇 상대(=피어)들과 먼저 소통합니다. (비트코인의 기술백서 이름이 'Bitcoin: A Peer-to-Peer Electronic Cash System'인 이유) 그런 다음 다른 피어들에게 점점 데이터를 전파해 나갑니다. 마치 한 사람에게 말한 이야기가 옆 사람, 또 그 옆 사람에게 전달되듯이 말이죠.

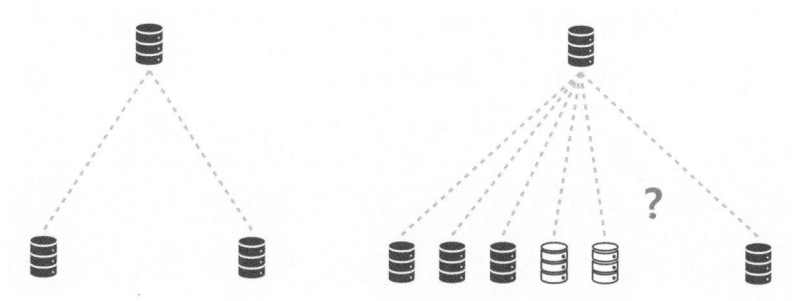

피어서치: 노드가 많아질수록 확장성을 달성하기 어려운 이유

이 과정이 바로 문제의 핵심입니다. 참여자가 적을 때는 이 전달이 빠르고 간단합니다. 하지만 참여자가 많아지면 이야기해야 할 상대가 수십, 수백, 수천 명으로 늘어납니다. 누가 누구인지 모르기 때문에 더 많은 확인 작업이 필요하고, 통신 횟수도 급격하게 증가합니다.

즉, 탈중앙화를 지키기 위해 모든 노드를 평등하게 참여시키면 오히려 시스템 전체가 느려지고 복잡해지는 부작용이 생깁니다. 반대로 효율을 높이기 위해 특정 노드에게만 역할을 맡기면 탈중앙화의 이상은 무너질 수밖에 없습니다.

이처럼 블록체인에서는 탈중앙화를 지키면서도 동시에 빠르고 효율적인 서비스를 제공하는 것이 매우 어렵습니다. 그래서 대부분의 블록체인 프로젝트는 이 세 가지 중 어느 한쪽을 우선순위로 삼고, 나머지 두 가지는 어느 정도 타협을 하게 됩니다.

특히 이더리움과 ICO 등으로 블록체인에 대한 관심이 높아지면서 많은 업체들은 블록체인을 다양한 분야에 활용하기 위한 시도를 진행했습니다. 그러나 번번이 이더리움의 느린 속도는 발목을 잡았습니다. 그래서 2018년 이후에 등장하는 블록체인들은 모두 빠른 속도만을 강조하였습니다. 오직 TPS Transaction Per Second 만을 강조하며 자신들의 블록체인이 빠르다고 홍보하였습니다. 그러나 그 과정에서 탈중앙화라는 가장 중요한 항목을 포기하는 참사가

벌어집니다.

## 3.2 빠르기만 한 블록체인의 문제

### ① 기존 시스템과의 차별점 희석

블록체인 기술을 빠르게 만들 수 있는 방법은 분명 존재합니다. 실제로 많은 블록체인 프로젝트들은 '속도'를 가장 큰 장점으로 내세우며 사용자들을 끌어 모으려 했습니다. 하지만 속도만을 지나치게 강조한 결과, 대부분의 구조가 기존의 중앙 서버 방식과 별반 다르지 않게 되어버렸습니다.

앞서 설명했던 트릴레마 문제를 다시 떠올려 보면, 블록체인에서 속도가 느려지는 가장 큰 이유는 바로 **누가 데이터를 처리할지 정해져 있지 않기 때문**입니다. 수많은 노드들이 서로 통신하면서 데이터를 확인하고 공유해야 하다 보니 자연스럽게 시간이 오래 걸릴 수밖에 없습니다.

그런데 이 문제를 쉽게 해결할 수 있는 방법이 하나 있습니다. 바로 특정한 몇몇 노드에게만 데이터를 처리하는 권한을 주는 것입니다. 누구와 통신해야 할지가 명확해지기만 해도 블록체인의 속도는 확연히 빨라집니다. 그래서 많은 프로젝트들은 이 방식을 채택해 속도를 높였습니다.

하지만 이 방식은 블록체인의 핵심 원칙 중 하나인 탈중앙화를 무너뜨립니다. 데이터를 처리하는 주체가 몇몇 노드로 제한되면, 결국 그 노드들이 모든 공격의 표적이 될 수밖에 없기 때문입니다. 즉, 속도를 위해 통신 대상을 정해버리는 순간, 그 정해진 대상이 해커에게는 가장 쉬운 공격 목표가 됩니다.

이 문제는 기존의 중앙 서버 시스템이 가진 취약점과 닮아 있습니다. 어떤 서비스든지 간에 일을 처리하는 중심 컴퓨터, 즉 중앙 서버는 반드시 존재합니다. 그리고 그 서버 하나가 멈추기만 해도 전체 서비스가 마비될 수 있습니다.

예를 들어, 얼마 전 대한민국의 카카오 데이터센터에 불이 났을 때, 카카오톡을 비롯한 주요 서비스가 장시간 중단되었습니다. 또 다른 사례로, KT의 일부 기지국에 장애가 생겼을 때 주변 상점에서는 결제가 되지 않아 큰 혼란이 벌어졌습니다.

이처럼 중앙 서버는 집중된 책임을 지는 대신, 단 하나의 장애로도 전체 서비스가 중단될 수 있는 위험을 안고 있습니다. 그래서 기업들은 수많은 보안 시스템을 구축하고, 해커의 공격을 막기 위해 막대한 비용을 투자합니다. 하지만 아무리 철저하게 대비해도 예기치 못한 사고나 보안의 허점은 여전히 존재할 수밖에 없습니다.

블록체인은 이러한 문제를 해결하기 위해 등장한 기술입니다. 비트코인이 처음 세상에 나왔을 때, 그 핵심 철학은 단순히 돈을 주고받는 시스템이 아니라 누구의 통제도 받지 않고 시스템 스스로가 신뢰를 만들어내는 구조였습니다. 다시 말해, 개인이나 기업, 정부 같은 특정 주체에 의존하지 않고도 모두가 데이터를 믿을 수 있도록 만든 것이 블록체인의 출발점입니다.

그런데 속도를 위해 탈중앙화를 포기한다면, 그것은 더 이상 블록체인이라고 부르기 어렵습니다. 블록체인의 본질은 단순한 분산이 아니라 사람의 개입을 최소화하고, 신뢰를 코드와 시스템으로 대체하는 것에 있기 때문입니다.

결국 진정한 블록체인이란 속도보다 원칙을 지키는 시스템이며, 속도 향상이라는 명분 아래 블록체인의 근본 철학이 무너진다면 그것은 단지 '블록체인처럼 보이는 기술'일 뿐, 블록체인 그 자체는 아닐 것입니다.

## ② 풀리지 않는 저장 공간 문제

속도가 빠른 블록체인이 무조건 좋은 것은 아닙니다. 속도가 빨라질수록 새로운 문제가 따라오는데, 그중 하나가 바로 저장 공간의 문제입니다.

앞서 설명했듯이, 블록체인은 참여하고 있는 모든 컴퓨터(노드)가 같은 데이터, 즉 같은 기록 장부를 보관해야 합니다. 그리고 이 데이터는 한 번 저장되면 수정하거나 삭제하는 것이 매우 어렵습니다. 예전에 발생한 거래든, 방금 발생한 거래든, 모두 그대로 보관되어야 하며 시간이 지날수록 데이터는 계속해서 쌓입니다.

물론 일부 블록체인에서는 오래된 데이터는 최소한의 기록만 남기고 나머지를 없애는 방식을 쓰기도 합니다. 하지만 이것은 임시방편일 뿐, 블록체인의 원칙적인 해결책은 아닙니다.

이런 구조적인 특성 때문에 블록체인은 시간이 지날수록 데이터가 커질 수밖에 없습니다. 예를 들어 비트코인은 가장 느린 블록체인으로 알려져 있지만, 15년 이상 운영된 현재(2025년 기준) 약 330GB에 달하는 데이터를 저장하고 있습니다. 이더리움은 2015년에 시작되었는데, 벌써 1TB가 넘는 데이터를 쌓았습니다. 참고로 일반 가정용 컴퓨터의 저장 공간이 1TB인 경우가 많기 때문에, 이 수치는 결코 가벼운 것이 아닙니다.

그런데 여기서 중요한 점은, 이처럼 느린 블록체인조차 이렇게 많은 데이터를 보관하고 있다는 사실입니다. 만약 비트코인보다 수십 배 빠른 블록체인이라면 저장 공간 문제는 훨씬 더 심각해질 수밖에 없습니다.

예를 들어 어떤 블록체인이 초당 10,000개의 거래(10,000TPS)를 처리할 수 있다고 가정해봅시다. 일반적으로 블록체인에서 한 건의 거래에는 최소 50자 이상의 정보가 들어갑니다. 보낸 사람, 받는 사람, 금액, 시간 같은 기본적인 정보만 담아도 이 정도는 됩니다. 컴퓨터로 계산하면 50자는 약 100바이트Byte 정도의 데이터입니다.

그러면 초당 10,000건의 거래는 초당 약 1MB, 60초(1분)마다 약 60MB가 됩니다. 1시간이면 3.6GB, 하루면 86.4GB, 한 달이면 무려 2.6TB에 이르는 어마어마한 용량입니다.

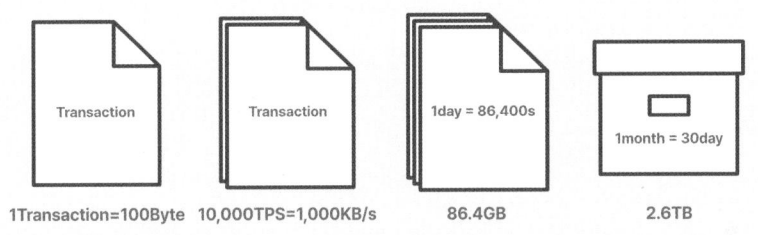

10,000TPS 저장 용량 예시

이 말은 곧, 그 블록체인을 운영하는 노드는 한 달에 2.6TB의 데이터를 저장해야 한다는 뜻입니다. 일반 사용자나 소규모 개발자가 이 정도의 저장 공간과 장비를 갖추는 것은 매우 부담스럽고 현실적이지 않습니다.

그런데 속도만을 강조하는 많은 블록체인 프로젝트들이 이런 저장 공간의 문제는 설명하지 않습니다. 속도는 빠르다고 말하지만, 그에 따르는 비용과 현실적인 운영 부담에 대해서는 침묵하는 경우가 많습니다.

정리하자면 블록체인은 속도가 빨라질수록 저장해야 할 데이터의 양도 폭발적으로 증가합니다. 이 문제를 진지하게 고민하지 않고 단순히 빠르다는 것만 강조하는 블록체인은, 기술적으로 완전한 블록체인이라 보기 어렵습니다. 속도뿐만 아니라 그 속도를 지속 가능하게 만들 수 있는 구조도 함께 갖춰야 진정한 의미의 블록체인이라 할 수 있습니다.

### ③ 블록체인의 두 가지 속도

블록체인에서 '속도'라는 개념을 이야기할 때, 사실 기준은 두 가지가 있습니다. 하나는 초당 트랜잭션 처리량 TPS, Transactions Per Second 이고, 다른 하나는 블록확정 Finality 입니다. 지금까지 대중적으로 강조되어온 것은 대부분 TPS였지만, 실제 사용자가 체감하는 블록체인의 속도는 TPS보다 블록확정에 훨씬 더 가깝습니다.

TPS는 말 그대로 블록체인이 1초 동안 처리할 수 있는 트랜잭션의 양을 나타냅니다. 예를 들어 TPS가 1,000인 블록체인에 1초 동안 2,000개의 트랜잭션이 몰리게 되면, 그중 절반은 다음 블록까지 대기해야 하거나 취소됩니다. 반면 블록확정속도는 그 트랜잭션이 처리된 이후 **완전히 확정되기까지 걸리는 시간**을 뜻합니다. 이 말은, 처리된 것처럼 보여도 네트워크 상에서 '되돌릴 수 없는 확정 상태'에 도달하기까지는 추가 시간이 필요하다는 뜻입니다.

Rearranging to avoid summing the infinite tail of the distribution...

$$1-\sum_{k=0}^{z}\frac{\lambda^{k}e^{-\lambda}}{k!}\left(1-(q/p)^{(z-k)}\right)$$

Converting to C code...

```
#include <math.h>
double AttackerSuccessProbability(double q, int z)
{
    double p = 1.0 - q;
    double lambda = z * (q / p);
    double sum = 1.0;
    int i, k;
    for (k = 0; k <= z; k++)
    {
        double poisson = exp(-lambda);
        for (i = 1; i <= k; i++)
            poisson *= lambda / i;
        sum -= poisson * (1 - pow(q / p, z - k));
    }
    return sum;
}
```

블록의 신뢰도 계산 예시(비트코인 백서의 일부)

많은 사람들이 블록체인의 블록은 저장된 순간부터 100% 신뢰할 수 있다고 오해합니다. 하지만 예컨대 비트코인에서는 '해당 블록이 진짜로 신뢰할 수 있는 블록인지'를 수학적으로 계산합니다. 비트코인과 같은 PoW 체인에서는 온전히 확정된 블록이라는 개념이 존재하지 않으며, 일반적으로는 6개의 후속 블록이 추가로 생성되어야만 하나의 블록이 '사실상 확정되었다'고 간주합니다. PoW에서는 절대적인 블록확정이 존재하지 않으며, 확률적으로 신뢰할 수 있는 수준이 되었을 때 확정된 것으로 간주합니다. 반면 일부 PoS 시스템에서는 수학적으로 되돌릴 수 없는 블록확정속도를 정의하고 이를 프로토콜 내에 강제합니다. 다시 말해 처리와 확정은 서로 다른 단계인 것입니다.

**Finality in Proof of Work**

Technically, a proof of work blockchain never allows a transaction to truly be "finalized"; for any given block, there is always the possibility that someone will create a longer chain that starts from a block before that block and does not include that block. Practically speaking, however, financial intermediaries on top of public blockchains have evolved a very practical means of determining when a transaction is sufficiently close to being final for them to make decisions based on it: waiting for six confirmations.

Finalized의 정의(비트코인 백서의 일부)

즉, TPS가 아무리 높더라도 블록확정이 느리면 실제 체감 속도는 여전히 느리게 느껴질 수밖에 없습니다. TPS는 단순히 처리 능력을 나타내는 성능 수치인 반면, 블록확정은 사용자가 실제로 거래 완료를 인식하게 되는 체감 속도와 직결되는 개념입니다.

이런 관점에서 일상생활에서 가장 자주 사용하는 시스템을 비교 대상으로 삼아볼 수 있습니다. 바로 신용카드 네트워크입니다. 특히 비자Visa와 마스터카드Mastercard는 전 세계에서 가장 폭넓게 사용되는 결제 시스템입니다. 비자는 평균적으로 약 1,700~2,000 TPS, 마스터카드는 500~1,000 TPS의 실사용량을 보이며, 이 정도가 전 세계 수억 명의 실시간 결제를 충분히 감당하고 있는 수치입니다. 물론 비자는 이론적으로 65,000 TPS까지 처리가 가능하다고 말하며, 최대 피크 시 24,000 TPS를 기록한 바도 있습니다. 하지만 실제 운영에는 1,000~2,000 TPS 정도면 충분하다는 의미입니다.

이처럼 TPS만 높다고 해서 빠른 블록체인이라고 단정지을 수는 없습니다. 많은 블록체인 프로젝트들이 눈에 띄는 TPS 수치에만 집중하며 마치 자사의 기술이 빠른 것처럼 홍보하지만, 정작 블록 확정이 몇 분, 혹은 수 초씩 지연되는 구조라면 TPS 수치는 실효성이 떨어집니다.

궁극적으로 블록체인에서 중요한 것은 단지 숫자가 아니라 사용자가 '진짜로 거래가 완료됐다고 느끼는 순간까지의 속도'입니다. 그리고 그 핵심은 TPS가 아닌 블록확정에 있습니다.

## 3.3 블록체인의 장단점

지금까지 블록체인에 대한 전반적인 내용들을 알아봤습니다. 그렇다면 블록체인은 만능일까요? 블록체인이 기존 중앙 서버 시스템에 비해 어떤 장단점이 있는지 알아보도록 하겠습니다.

## ① 데이터 보안과 위변조 방지 측면

중앙 서버 시스템에서는 데이터를 하나 또는 소수의 중앙 서버가 책임지고 관리합니다. 이러한 구조는 관리가 효율적이며, 문제가 발생했을 때 빠르게 대응할 수 있다는 장점이 있습니다. 그러나 동시에 데이터가 한 곳에 집중되어 있다는 점에서 보안상의 취약점이 존재합니다. 외부의 해커가 중앙 서버를 공격하거나 내부자가 악의적으로 데이터를 조작할 경우, 전체 시스템에 큰 피해를 줄 수 있기 때문입니다.

블록체인은 이러한 단점을 극복하기 위한 구조를 갖고 있습니다. 블록체인에서는 데이터를 여러 노드가 동시에 보관합니다. 데이터를 변경하기 위해서는 네트워크상의 노드들의 동의를 받아야 하며, 기존 블록과 해시값이 맞아야 하기 때문에 위변조가 매우 어렵습니다. 이로 인해 블록체인은 높은 수준의 보안성과 위변조 방지 능력을 갖춘 시스템으로 평가받습니다.

하지만 이러한 보안성은 시스템의 복잡성과 자원 소모라는 대가를 요구합니다. 블록체인은 데이터를 여러 노드에 동시에 저장하기 때문에 저장 공간이 많이 필요하며 데이터 처리 속도도 느릴 수 있습니다. 반면 중앙 서버는 최적화된 환경에서 빠르게 데이터를 처리할 수 있습니다.

## ② 시스템 구조의 유연성과 관리 측면

중앙 서버 시스템은 시스템 설계와 관리가 명확합니다. 운영 주체가 존재하고, 서버를 유지보수할 수 있는 전담 인력이 있습니다. 사용자 요구에 따라 기능을 빠르게 업데이트하거나 장애에 대응하는 것이 상대적으로 쉽습니다. 기업 서비스, 금융기관, 병원 등 민감한 데이터가 오가는 환경에서는 이러한 구조가 여전히 선호됩니다.

반면 블록체인은 탈중앙이라는 특성으로 인해 명확한 운영 주체가 없습니다. 노드들은 자율적으로 운영되며, 전체 시스템은 합의 알고리즘을 통해 작동합니다. 이러한 구조는 특정 개인이나 조직이 시스템을 독점하거나 임의로 조작할 수 없도록 막아줍니다. 하지만 문제 발생 시 책임 소재가 불분명해질 수 있으며, 긴급한 상황에 대한 빠른 대응이 어렵다는 단점이 있습니다.

또한 블록체인의 경우 업데이트나 기능 개선이 매우 복잡합니다. 노드 간 합의가 필요하고, 전체 네트워크의 동의 없이는 시스템 전체를 변경하기 어렵습니다. 중앙 시스템처럼 빠른 기능 추가나 사용자 맞춤형 서비스 제공에는 한계가 따를 수밖에 없습니다.

### ③ 탈중앙화로 인한 신뢰 구조

중앙 서버 시스템은 신뢰를 '중앙'에 의존합니다. 우리는 은행의 데이터를 신뢰하는 이유가 바로 은행이라는 기관이 책임을 지기 때문입니다. 병원의 전자차트를 믿는 이유도, 병원이 그 데이터를 관리하기 때문입니다. 이는 시스템이 정상적으로 운영되는 전제 하에서는 매우 강력한 신뢰 구조입니다.

그러나 이러한 신뢰 구조는 한계가 있습니다. 운영 주체가 신뢰를 저버릴 경우, 시스템 전체에 대한 신뢰가 무너질 수 있습니다. 특히 정치적, 경제적 이해관계가 얽인 경우, 운영 주체의 중립성이 흔들릴 수 있습니다.

블록체인은 이러한 한계를 극복하기 위해 신뢰를 '시스템 자체'로 이전시킵니다. 시스템 내의 규칙(합의 알고리즘)을 기반으로 동작하며, 누구도 임의로 데이터를 수정하거나 조작할 수 없습니다. 이렇게 사람이나 조직이 아닌 '기술 그 자체'를 신뢰하게 만드는 것이 블록체인의 철학입니다. 이러한 구조는 특히 국가 간 신뢰가 어렵거나, 운영 주체의 공정성이 보장되지 않는 환경에서 강력한 장점이 됩니다.

### ④ 확장성과 성능 문제

중앙 서버 시스템은 높은 성능과 확장성을 제공합니다. 필요에 따라 서버를 증설하거나 클라우드 환경을 통해 자원을 탄력적으로 사용할 수 있으며, 네트워크 구성도 유연합니다. 특히 대용량 데이터를 실시간으로 처리하거나, 수많은 사용자의 동시 접속이 예상되는 서비스에서는 중앙 서버 시스템이 유리합니다.

블록체인은 이와 비교해 확장성 측면에서 큰 도전에 직면해 있습니다. 모든 노드가 동일한 데이터를 보관하고, 새로운 트랜잭션을 블록에 포함시키기 위해 많은 계산과 시간이 필요합니다. 특히 트랜잭션 수가 증가하면 저장 용량, 네트워크 대역폭, 처리 속도 등에서 병목이 발생하기 쉽습니다.

이러한 문제를 해결하기 위해 다양한 방법들이 제시되었지만, 그 과정에서 다시 중앙화된 구조가 도입되기도 합니다. 블록체인을 빠르게 작동하기 위해 일부 블록체인들에서는 특정 노드에게 특별한 권한을 부여하는 방식을 택했고, 이는 곧 탈중앙화 철학에 어긋나는 결과로 이어졌습니다.

### ⑤ 경제적 인센티브와 참여 구조

중앙 서버 시스템에서는 서버 운영과 유지비용이 조직의 책임입니다. 사용자는 주로 서비스의 품질이나 안정성에 대한 비용을 간접적으로 지불합니다. 기업은 이 비용을 수익모델(광고, 유료서비스 등)을 통해 회수하며, 서버 운영에 대한 명확한 계획이 존재합니다.

반면 블록체인은 경제적 인센티브를 통해 자발적인 참여를 유도합니다. 예를 들어 비트코인에서는 '채굴'이라는 보상 구조가 존재하여, 자원을 투자한 사용자가 보상을 받을 수 있습니다. 이는 시스템의 자율성과 확장 가능성을 동시에 담보해 주지만, 보상 구조가 없거나 불투명할 경우 시스템의 유지 자체가 어려워집니다. 특히 일부 블록체인은 초기에는 보상을 통해 참여를 유도하지만, 시간이 지나면서 보상이 줄어들고, 유지 동력이 약해지는 문제가 발생하기도 합니다.

또한 지나치게 보상에 집중한 나머지 투기적 목적의 참여자가 늘어나고, 기술보다 가격이 먼저 회자되는 현상도 문제입니다. 이는 블록체인의 본래 철학을 흐릴 수 있습니다.

### ⑥ 결론

중앙 서버 시스템과 블록체인은 각각 뚜렷한 장단점을 갖고 있습니다. 중앙 시스템은 속도, 유연성, 확장성에서 강점을 가지며, 실용적이고 현실적인 선택지로 기능합니다. 반면 블록체인은 보안성, 위변조 방지, 탈중앙화로 인한 공정성과 투명성에서 강력한 대안을 제시합니다.

블록체인이 기존 시스템을 완전히 대체할 수 있을지는 아직 미지수이지만, 특정 목적이나 철학적 지향에 따라 블록체인의 도입은 매우 타당한 선택이 될 수 있습니다. 중요한 것은 두 시스템의 차이를 명확히 이해하고, 사용하려는 목적과 환경에 맞는 기술을 선택하는 일입니다.

결국 기술은 '무엇을 위해 사용하는가'에 따라 그 가치가 달라집니다. 블록체인도 마찬가지입니다. 완벽한 기술은 없지만, 그 기술이 해결하려는 문제에 적합하다면, 그것이 바로 최선의 선택이 될 수 있습니다.

# 2부
# 3세대 블록체인, 사슬

# 4장

# 사슬의 역사

## 4.1 사슬의 시작

사슬SASEUL은 대한민국의 기술개발 기업 아티프렌즈ArtiFriends Inc.에서 개발한 블록체인 기술입니다.

아티프렌즈의 이정우 대표는 '배달의 민족' 앱의 모든 초기 모델을 직접 개발하며 대규모 데이터를 효율적으로 처리하는 실무 경험을 쌓았습니다. 이후 2016년, 25세의 나이에 아티프렌즈를 창업하고는 AI, 빅데이터 등 차세대 기술 분야에 도전하며 실력을 넓혀갔습니다.

아티프렌즈 이정우 대표

대한민국 전국토 데이터를 수집해 종합적인 부동산 정보를 제공하는 프로그램 'Sellymon'을 개발했고, 자연어 처리를 기반으로 세법 정보를 안내하는 AI 'Jarvice'도 완성했습니다.

이정우 대표는 원래부터 어려운 기술에 대한 탐구심이 강했고, 2009년에는 이미 비트코인의 백서와 소스코드를 연구한 경험도 있었습니다. 하지만 당시에는 블록체인을 직접 개발할 계획은 없었습니다. 그러던 중 2018년, 블록체인 관련 기술 개발 의뢰를 받으면서 본격적으로 블록체인 개발에 뛰어들게 됩니다.

당시는 전 세계적으로 ICO<sub>Initial Coin Offering</sub>가 활발하던 시기로, 자금을 모집한 많은 프로젝트들은 사기를 면하기 위해 실제 기술을 구현해야만 하는 때였습니다. 이정우 대표는 새로운 방식의 합의 알고리즘을 개발해달라는 요청을 받고, 블록체인 설계에 착수합니다.

당시 업계에는 이미 다양한 형태의 합의 알고리즘이 제안되어 있었으며, 비트코인의 PoW(작업 증명)를 시작으로 PoS(지분 증명), dPoS, PoR, DAG 등 여러 기술 백서들이 발표된 상태였습니다. 이론에 머무른 합의 방식들이 실제로 구현 가능한지를 검증하기 위해 모든 알고리즘을 직접 코드로 구현해보기 시작했습니다. 그러나 실제로 동작 가능한 구조를 갖춘 논문은 다섯 개도 채 되지 않았습니다.

처음에는 당시 주목받던 PoS를 기반으로 개발을 시작했지만, 곧 구조적인 모순을 발견하게 되었고, 방향을 틀어 새로운 방식의 알고리즘을 구상하게 됩니다. 합의 알고리즘의 핵심 코드를 스마트 컨트랙트로 직접 구현하면서 완전히 새로운 형태의 블록체인 합의 방식을 개발하기 시작했습니다.

블록체인 핵심 기술의 특성상 이 작업은 외부 협업이 어려웠기 때문에 알고리즘 설계와 구현은 전적으로 이정우 대표 혼자 진행했습니다. 그와 동시에 아티프렌즈의 다른 개발자들도 별도로 다양한 합의 알고리즘을 실험하고 있었고, 최종적으로는 이정우 대표가 만든 버전이 프로젝트의 주축 기술로 채택되었습니다.

그는 이 기술에 '사슬'이라는 이름을 붙였습니다. 사슬은 블록체인의 '체인'을 한글로 표현한 순우리말입니다. 언젠가 한국에서 만든 기술이 세계적인 표준이 될 수 있다는 믿음에서 나온 명칭이었습니다. 또한 사내에서 진행 중인 다른 프로젝트들과 구분하기 위해 해당 블록체인 기술을 '**사슬 오리진**SASEUL ORIGIN'이라고 부르기 시작했습니다.

## 4.2 사슬의 완성: 프라이빗 블록체인( ~2019)

이정우 대표가 개발한 '사슬 오리진'은 그 자체로도 뛰어난 결과물이었지만, 동시에 완성된 블록체인은 아니었습니다. 당시 의뢰 내용이 '합의 알고리즘 구현'까지였기 때문에 전체 블록체인 시스템이 아닌, 일종의 핵심 엔진만 개발된 상태였습니다.

그러나 개발이 완료된 2019년 즈음, 이 프로젝트를 의뢰했던 기업이나 단체들은 이미 ICO(가상화폐공개) 열풍 속에서 하나둘 사라지고 있었습니다.

합의 알고리즘은 블록체인의 근간을 이루는 매우 중요한 요소입니다. 하지만 합의 알고리즘만으로는 온전한 블록체인을 만들 수 없습니다. 실사용 가능한 엔진으로 자리 잡기 위해서는 블록 생성, 트랜잭션 처리, 데이터 저장, 노드 통신 등의 다양한 요소들을 모두 구현해야 하기 때문입니다.

이정우 대표는 외부의 의뢰가 끊긴 상황에서도 자신이 만든 기술을 여기서 멈추지 않기로 결심합니다. 합의 알고리즘을 단순한 실험으로 끝내는 것이 아니라, 완전한 블록체인 플랫폼으로 확장시키기로 한 것입니다. 그는 자신이 만든 '사슬 오리진'의 합의 알고리즘에 'HAP-2 Hypothesis Acceptance Procedure'라는 이름을 붙이고, 이를 기반으로 본격적인 블록체인 개발을 시작합니다.

2019년 당시 블록체인 업계에서는 퍼블릭 블록체인과 프라이빗 블록체인의 구분이 점차 뚜렷해지고 있었습니다. 안정성과 보안성이라는 블록체인의 구조적 강점은 기업들 사이에서도 인정받고 있었지만, 불특정 다수가 참여하는 공개 네트워크에 기업 데이터를 맡긴다는 점, 그리고 운영에 따른 높은 비용 등은 현실적인 장벽으로 작용하고 있었습니다.

이러한 문제를 해결하기 위한 대안으로, 특정 참여자만 허용하고 네트워크 구조를 단순화한 프라이빗 블록체인이 주목받기 시작했습니다. 퍼블릭 블록체인이 누구나 자유롭게 노드로 참여하고, 암호화폐라는 보상체계를 갖춘 개방형 구조라면, 프라이빗 블록체인은 오직 허가된 사용자만이 네트워크에 접근할 수 있도록 설계된 폐쇄형 구조입니다.

이 때문에 프라이빗 블록체인은 '진짜 블록체인이냐'는 비판도 받았지만, 기업 입장에서는 보안과 관리 효율성 면에서 훨씬 현실적인 선택지였습니다. 또한 기업이 주체가 되는 환경에서는 굳이 암호화폐 보상을 도입할 필요가 없기 때문에, 운영 구조가 훨씬 단순해지는 장점도 있었습니다.

이정우 대표가 구상한 초기 사슬SASEUL은 바로 이러한 기업 환경에 최적화된 프라이빗 블록체인 솔루션이었습니다. 사슬은 사전에 정해진 틀이 있는 구조가 아니라, 기업의 요구에 맞춰 자유롭게 커스터마이징할 수 있도록 설계되었습니다. 어떤 기능을 사용할지, 암호화폐 보상을 적용할지 여부 등 모든 요소가 사용자의 선택에 따라 유연하게 설정될 수 있었습니다.

2019년에 완성된 사슬의 첫 번째 버전은 성능 면에서도 뛰어난 결과를 보여줬습니다. 암호화폐 보상 구조를 넣을 수도, 아예 제외할 수도 있었고, 거래가 처리되어 최종 확정되기까지 걸리는 시간은 1초 이내였습니다. 이러한 성능이 가능했던 이유는 바로 프라이빗 구조였기 때문입니다. 참여자가 제한된 상태에서 통신이 이뤄지고, 처리 대상이 명확했기 때문에 기존 퍼블릭 블록체인에서 발생하는 속도 병목현상이 없었던 것입니다. 그러나 참여자가 제한되고 거래의 처리 대상이 명확한 환경은 블록체인의 탈중앙을 지킨 것과는 분명히 거리가 멀었습니다.

### 4.3 사슬의 진화: 퍼블릭 블록체인 메인넷

사슬이 기술적으로 완성되었지만, 현실적인 문제는 여전히 남아있었습니다. 바로 이 블록체인 솔루션을 사용하려는 기업이 없었다는 점입니다. 당시 블록체인 업계에서는 많은 기업들이 블록체인에 관심을 보이고, 기술 개발을 지원하는 듯한 움직임을 보였지만, 정작 완성된 사슬을 도입하겠다는 곳은 없었습니다.

시장의 분위기는 빠르게 바뀌었고, 블록체인은 기술적 가능성보다는 투기 수단, 혹은 사기의 도구로 인식되기 시작했습니다. ICO 열풍이 지나간 후, 업계 전반에 대한 신뢰가 무너졌고, 기업용 블록체인 솔루션은 점차 외면받기 시작한 것입니다.

그 결과, 기업용 블록체인을 지향하던 사슬은 더 이상 실효성 있는 기술로 받아들여지지 않았습니다. 하지만 이정우 대표는 지금까지 쌓아온 기술을 쉽게 포기할 수 없었습니다. 결국 그는 새로운 방향으로 전환을 결심하게 됩니다.

**사슬을 퍼블릭 블록체인으로 전환하는 것입니다.**

사슬은 이미 HAP-2<sub>Hypothesis Acceptance Procedure</sub>라는 독자적인 합의 알고리즘을 갖추고 있었고, 퍼블릭 네트워크를 구성할 수 있는 기반 역시 갖추고 있었습니다. 하지만 HAP-2 단독으로 운영되는 구조에서 구현한 PoW 방식은 기존 PoW의 한계를 그대로 드러냈습니다. 채굴 기반의 블록체인 특성상, 과도한 자원 소모, 네트워크 병목, 처리 속도의 저하 등이 반복적으로 나타난 것입니다.

이에 이정우 대표는 한 가지 실험적인 시도를 하게 됩니다. 바로 하나의 블록체인 안에 두 개의 독립적인 체인을 공존시키는 구조를 설계한 것입니다. 하나는 PoW 기반 체인, 다른 하나는 HAP-2 기반 체인으로 나뉘며, 각각의 장단점을 보완하는 방식이었습니다. PoW는 누구나 참여할 수 있는 개방성과 보안성을 제공하고, HAP-2는 빠른 처리 속도와 네트워크 안정성을 책임지는 방식이었습니다.

이 혁신적인 구조를 바탕으로, 2022년 5월 17일, 사슬은 퍼블릭 메인넷으로서의 모습을 세상에 드러냅니다.

그러나 모든 블록체인 시스템이 그렇듯, 실제 운영은 항상 예측할 수 없는 변수들과 함께합니다. 메인넷 공개 후 여러 크고 작은 문제들이 발생했지만, 꾸준한 보완과 개선을 통해 사슬은 점차 안정화되기 시작했습니다. 현재는 글로벌 환경에서도 평균 약 6초 이내에 거래가 완료되는 퍼포먼스를 보여주고 있으며, 이는 퍼블릭 블록체인 중 가장 빠른 수준입니다.

특히 주목할 점은, 이러한 속도가 완전한 탈중앙화 구조 속에서 구현된 결과라는 것입니다. 대부분의 고속 블록체인들이 중앙화된 노드 구조나 권한 위임 방식(dPoS 등)을 택하는 반면, 사슬은 노드 간 자유로운 참여를 보장하면서도 이 속도를 실현했습니다. 이는 단순한 기술적 성과가 아니라, 탈중앙이라는 철학과 성능을 동시에 지켜낸 결과이기도 합니다.

사슬은 단순한 기술 그 이상입니다. 이정우 대표라는 한 개발자의 신념과 철학, 그리고 8년에 걸친 꾸준한 개발의 집약체입니다. 처음에는 우연한 의뢰로 시작된 프로젝트였지만, 그 이후 수많은 유혹과 어려움, 외부의 공격과 내부의 갈등 속에서도 흔들림 없이 완성도를 높여왔습니다.

그는 이런 말을 좌우명처럼 간직해 왔습니다.

> "He who can, does; he who cannot, teaches."
> 할 수 있는 자는 행하고, 할 수 없는 자는 가르친다.
> (조지 버나드 쇼, 1856~1950)

비즈니스는 종종 현실적인 타협을 요구합니다. 때로는 과장되거나, 허위가 섞일 수도 있습니다. 그러나 개발이라는 영역은 순수해야 하며, 기술은 정직해야 한다는 것이 이정우 대표의 철학입니다.

**"개발로 장난치지 않는다."**

이 단 한 줄이 수많은 유혹을 이겨내고 지금의 사슬을 있게 한 핵심 원칙이었습니다.

# 5장

# 사슬의 합의 알고리즘

이번에는 사슬 및 블록체인의 합의 알고리즘에 대해 보다 자세하게 알아보도록 하겠습니다. 다른 블록체인 알고리즘도 있지만 가장 대표적인 PoW, PoS를 중심으로 알아보고, HAP-2는 어떤 식으로 구현되어 있는지 설명하도록 하겠습니다.

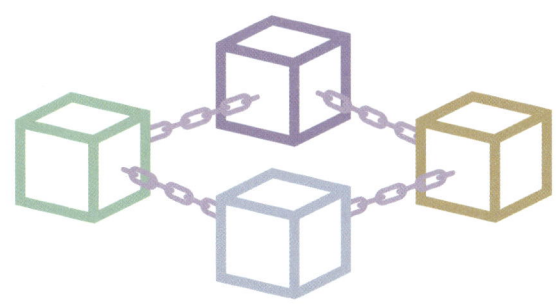

## 5.1 PoW

### ① PoW란 무엇인가?

PoW<sub>Proof of Work</sub>는 '작업 증명'이라는 뜻을 가진 합의 알고리즘입니다. 블록체인에서 많은 사람들이 '채굴'이라고 부르는 행위가 바로 이 PoW 방식에서 노드를 운영하는 과정입니다.

이 방식의 핵심은 작업을 통해 자신이 정당한 블록 생성 자격을 얻었음을 증명하는 데 있습니다. 다만 이 '작업'은 사람이 직접 하는 것이 아니라 컴퓨터가 수행합니다.

PoW 체인에서는 컴퓨터가 수학 문제를 푸는 방식으로 네트워크에 참여합니다. 보다 정확히 말하면, 컴퓨터는 정해진 규칙에 따라 특정한 해시값을 찾아야 합니다. 이 과정은 단순한 연산이 아니라 암호학적인 계산이며, 정답에 가까운 해시값을 찾아내야만 문제를 푼 것으로 인정받습니다.

비트코인을 예로 들면, SHA-256이라는 암호화 함수를 두 번 적용해 정답을 도출해야 합니다. 이 해시값의 경우의 수는 무려 $1.16 \times 10^{77}$에 달하며, 이는 상상하기조차 어려운 수준입니다. 이런 문제를 한 번에 풀 수 있는 노드는 없습니다. 그래서 블록체인 네트워크는 일정한 시간마다 문제의 난이도를 조정합니다. 문제를 푸는 속도가 너무 빠르면 난이도를 높이고, 너무 느리면 낮추는 방식으로 조정이 이루어집니다.

정답을 가장 먼저 찾아낸 노드는 **블록 생성 권한**을 획득하고, 그 순간 블록체인에 쌓인 트랜잭션들을 처리할 수 있는 권한을 얻게 됩니다. 즉, 채굴의 성공이 곧 블록의 생성으로 이어집니다. 이는 **블록의 한계생성비용**과도 관련이 있습니다. PoW에서는 블록을 생성하기 위해서는 항상 채굴이 선행되어야 하며, 블록을 생성하는 데 비용이 발생합니다. 이처럼 컴퓨터의 노동을 통해 블록을 만들기 때문에 '작업 증명'이라는 이름이 붙은 것입니다.

### ② PoW의 보상 구조와 블록 생성

채굴에 성공한 노드는 블록을 생성할 수 있는 권한을 얻습니다. 블록 생성 후에는 문제를 정확히 풀었다는 것을 다른 노드에게 증명해야 합니다. 이때 다른 노드들은 생성된 블록을 검증하고, 문제를 올바르게 풀었다면 승인합니다.

이 과정을 통해 블록은 하나의 진짜 기록으로 인정받게 되며, 블록에 포함된 트랜잭션들도 정식으로 처리됩니다. 블록을 생성한 노드는 그 보상으로 암호화폐를 받게 되며, 이 보상은 블록체인 시스템의 유지와 동기를 부여하는 수단이 됩니다.

단, 이 보상을 받기 위해서는 한 가지 중요한 조건이 있습니다. 생성된 블록이 다른 노드들에 의해 유효하다고 승인받아야만 합니다다. 만약 노드가 부정확한 블록을 만들거나 의도적으로 규칙을 어긴다면, 아무리 먼저 문제를 풀었다 하더라도 보상은 지급되지 않습니다. 오히려 해시 문제를 풀기 위해 가장 많은 자원을 들인 노드가 가장 큰 손해를 보게 되는 것입니다.

이 구조는 배신할 유인이 없도록 만들어 블록체인 네트워크를 유지하는 원동력이 됩니다. 열심히 작업해도 부정한 방식으로는 얻을 수 있는 것이 없도록 설계해 블록을 생성하는 노드의 자발적인 정직함을 요구합니다.

### ③ 블록 확정의 지연과 PoW의 안정성

PoW 체인에서는 블록이 생성되었다고 해서 바로 확정되지는 않습니다. 예기치 않은 네트워크 상황이나 노드의 고의적인 행위로 인해 잘못된 블록이 만들어질 수도 있기 때문입니다.

비트코인의 경우, 일반적으로 6개의 블록이 연속으로 쌓이기 전까지는 해당 블록을 확정하지 않습니다. 블록이 확정된다는 것은 더 이상 되돌릴 수 없게 된다는 의미이며, 그만큼 보안적으로도 매우 중요합니다.

비트코인에서는 보통 10분에 한 번씩 채굴이 이루어지고, 블록이 생성됩니다. 그렇다면 하나의 블록이 완전히 확정되기 위해서는 대략 1시간(10분×6개)의 시간이 소요된다고 볼 수 있습니다. 이처럼 PoW는 빠르지 않지만, 그만큼 확실한 보안성을 확보합니다.

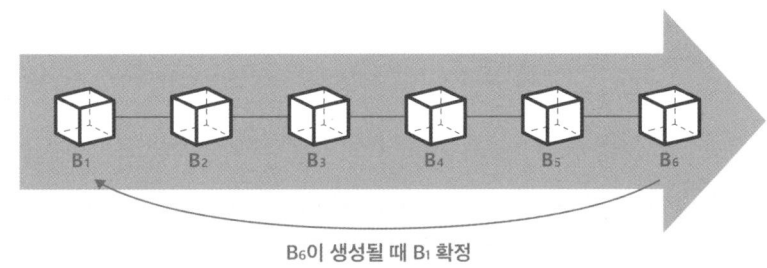

비트코인 블록의 확정 단순화

## ④ PoW의 장단점과 블록체인의 철학

PoW는 완벽에 가까운 탈중앙화를 실현한 방식으로 평가받습니다. 블록 생성 권한을 특정한 주체가 독점하지 않으며, 누구든 컴퓨터와 전력을 갖추면 네트워크에 참여할 수 있기 때문입니다.

그러나 단점도 분명합니다. 모든 노드가 동시에 문제를 풀지만 보상을 받는 것은 오직 1등뿐입니다. 나머지 모든 노드들이 투입한 자원과 시간, 비용은 고스란히 버려집니다. 이처럼 많은 자원이 낭비되기 때문에 '비효율적'이라는 지적도 받습니다.

또한 블록 생성에 성공한 노드가 갑자기 꺼지거나 일을 중단하면, 다음 블록이 생성될 때까지 그 사이 어떠한 데이터 처리도 이루어지지 않을 수 있습니다. 이론적으로는 이런 방식으로 블록체인의 흐름을 멈추게 할 수도 있습니다.

그럼에도 불구하고 PoW는 블록체인 철학의 핵심이라 할 수 있습니다. 블록을 만들기 위해 반드시 노력이 들어가야 하며, 블록을 수정하려면 그보다 더 많은 자원이 들어야 하기 때문에 조작이 매우 어렵습니다. 이처럼 PoW는 느리지만, 그 느림 속에서 가장 강한 신뢰를 만들어내는 시스템입니다.

## 5.2 PoS

### ① PoS란 무엇인가?

PoS는 '지분 증명 Proof of Stake'이라고 불리는 블록체인의 합의 알고리즘입니다. PoW가 '노동을 통해 증명하는 방식'이라면, PoS는 '지분을 통해 증명하는 방식'입니다. 여기서 지분이란, 해당 블록체인의 암호화폐를 얼마나 보유하고 있느냐를 뜻합니다.

즉, 블록을 생성하고 그에 대한 보상을 받기 위해선 컴퓨팅 파워로 무작정 문제를 푸는 것이 아니라, 해당 블록체인의 코인을 많이 보유하고 있거나, 일정량의 코인을 예치 Stake해야 합니다. 이 예치된 지분이 많을수록 블록 생성자로 선택될 확률이 높아지며, 생성된 블록이 승인되면 보상을 받을 수 있습니다.

이 시스템은 PoW처럼 막대한 연산 자원을 사용하지 않고도 블록체인을 운영할 수 있게 해 줍니다. 결과적으로 전기와 장비 비용이 크게 줄어드는 만큼, 친환경적이고 경제적인 구조라는 평을 받기도 합니다.

또한 PoS는 '**검증인**Validator' 방식이라고도 부릅니다. 지분을 많이 보유한 노드를 검증인이라 부르며, 검증인 중심으로 블록의 생성, 검증이 이루어집니다. 이더리움에서 32이더(ETH)를 예치하는 행위 등이 모두 검증인 노드에 참여하기 위한 조건들입니다.

② PoS의 블록 생성 방식

PoS에서는 블록을 생성할 참여자를 무작위로 선택합니다. 다만 이 무작위 선택은 단순한 추첨이 아닌, **지분에 비례한 확률**을 갖습니다. 예를 들어 전체 암호화폐의 10%를 가진 사용자는 그보다 적게 가진 다른 사용자보다 높은 확률로 블록 생성자로 선택될 수 있습니다.

PoW에서는 블록을 생성하기 위해 모든 노드가 문제를 풀며 경쟁하는 구조이지만, PoS에서는 몇몇 조건을 만족한 검증인만 블록 생성 과정에 참여하기 때문에 훨씬 효율적인 구조로 평가받습니다. 또한 검증인Validator은 블록을 생성하고 네트워크에 전파한 후, 다른 검증인들의 확인을 받아 블록이 확정됩니다. 이 과정은 네트워크의 트래픽을 줄이고, 시스템 리소스를 절약할 수 있는 장점이 있습니다. 그래서 PoS와 비슷한 블록체인 구조를 검증인 방식이라고도 부릅니다.

### ③ 예치 지분과 보상의 관계

PoS의 핵심은 '지분 예치(스테이킹)'입니다. 사용자는 자신의 암호화폐를 일정량 예치하고, 그 대가로 블록 생성에 참여할 기회를 받습니다. 그리고 생성한 블록이 승인되면, 그 보상으로 다시 암호화폐를 지급받습니다.

여기서 중요한 점은, 예치한 지분이 일종의 '보증금'처럼 작동한다는 것입니다. 만약 블록 생성자가 잘못된 거래를 포함시키거나 부정한 블록을 생성하게 되면, 이 예치 지분의 일부 또는 전부가 소멸되거나 다른 참여자에게 분배되는 벌칙이 주어집니다. 이를 '슬래싱Slashing'이라고 부르며, 시스템의 안정성과 정직성을 보장하는 핵심 장치입니다.

이 때문에 PoS에서는 단순히 보상을 위한 참여뿐 아니라, 블록체인을 신뢰할 수 있도록 만드는 책임감도 함께 요구됩니다. 지분을 많이 예치할수록 보상도 크지만, 그만큼 리스크도 커지는 구조입니다.

### ④ PoS의 한계

PoS는 기존의 PoW가 가진 여러 한계를 극복하고자 만들어졌습니다. 에너지 효율, 빠른 속도, 보상 분산 구조 등은 PoS의 대표적인 장점으로 뽑힙니다. 그러나 이 구조는 동시에 몇 가지 중요한 단점을 내포하고 있습니다. 이 단점들은 블록체인의 근본적인 철학인 탈중앙화와 신뢰성에 대해 심각한 질문을 던지기도 합니다.

### - 초기 분배의 모순

PoS의 가장 큰 문제점은 초기 분배 구조의 불투명성입니다. PoW의 경우 블록체인의 첫 블록부터 모든 채굴 과정이 기록으로 남아있으며, 누구나 그 과정을 확인할 수 있습니다. 하지만 PoS에서는 최초의 지분 분배가 임의로 설정되는 경우가 많고, 그 기록을 블록에 남기기 위해서는 '누군가'가 최초의 블록을 생성해야 합니다.

문제는 그 시점에는 아직 블록 생성 권한을 부여받은 노드가 없다는 점입니다. 즉, 블록 생성 권한이 없는 상태에서 첫 블록이 생성되어야 하며, 이는 논리적으로 모순이 됩니다. 이로 인해 최초의 지분을 누가 가졌는지, 어떤 기준으로 분배했는지에 대해 신뢰를 얻기 어렵습니다. 결과적으로 완전한 탈중앙화를 구현하는 데 큰 장애물이 됩니다.

### - 블록 생성 비용의 부재

PoW에서는 블록을 생성하기 위해 반드시 컴퓨팅 자원과 전력을 소비해야 합니다. 채굴에 들어간 비용이 블록의 '무게'가 되고, 이 비용이 블록체인의 보안성을 높이는 핵심 역할을 합니다. 반면 PoS에서는 블록 생성에 실질적인 비용이 들지 않습니다. 한 번 검증자로 선정되면 연속적으로 블록을 생성할 수 있으며, 별도의 한계생성비용이 존재하지 않습니다.

이 구조에서는 블록을 '마구' 생성할 유인이 생깁니다. 현실적으로는 이런 행위가 쉽게 발생하진 않지만, 이론적으로는 아무런 자원 소비 없이 무제한으로 블록을 만들어낼 수 있는 가능성이 열려 있는 셈입니다.

**– 숨겨진 블록의 위협**

PoW에서는 블록체인의 줄기fork가 나뉘는 경우, 가장 긴 체인(즉, 가장 많은 작업이 투입된 체인)을 따라갑니다. 이는 작업증명에 투입된 자원이 곧 신뢰의 기준이 되기 때문입니다. 그러나 PoS에서는 이 판단 기준이 애매합니다. PoS에서는 검증자가 수많은 블록을 숨겨진 상태에서 조용히 생성해 두었다가, 특정 시점에 공개하는 방식으로 공격이 가능합니다. 이 블록들은 실제 블록체인의 연산 과정을 통해 생성된 것이 아니지만, 시스템상 '정당한 검증인'이 만든 것으로 인식되기 때문에 다른 노드들이 이를 거부하기 어렵습니다.

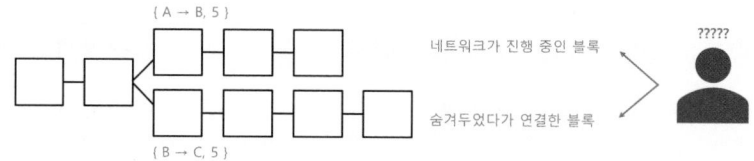

PoS의 이중 서명 문제

예를 들어, 검증인 A의 잔고가 1,000인 시점에서 B와 C 각각에게 5를 송금하는 트랜잭션을 각각 다른 블록에 담아 전파합니다. A의 잔고는 각각의 블록에서 995가 됩니다. 이후 C에게 송금한 내역을 숨겨 두었다가 일정 시점에 블록을 공개하면 다른 노드들은 어떤 블록의 연결이 맞는지 판단할 수 없습니다. 두 블록 모두 정당한 검증인 A에 의해 생성되었기 때문입니다. 이 문제를 **이중 서명**이라고 합니다.

결과적으로 PoS에서는 어떤 체인을 '진짜 체인'으로 볼지 판단하기 어려운 상황이 발생할 수 있으며, 이러한 모호성은 블록체인의 안정성을 위협합니다.

PoS는 에너지 효율과 확장성 측면에서 분명 매력적인 합의 알고리즘입니다. 하지만 탈중앙성, 보안성이라는 블록체인의 철학적 토대 위에서는 여전히 해결되지 않은 질문들을 안고 있습니다. 특히 '처음'이 어떻게 만들어졌는가에 대한 의문은 단순히 기술적 논란을 넘어서 블록체인의 신뢰성 자체에 대한 문제로 연결됩니다.

### ⑤ PoS는 블록체인의 미래일까?

많은 블록체인 프로젝트들이 점점 PoW 대신 PoS를 채택하고 있습니다. 가장 대표적인 예로는 이더리움의 전환을 들 수 있습니다. 이더리움은 오랜 기간 PoW를 유지하다가, 2022년 9월 '머지The

Merge'라는 업그레이드를 통해 PoS 체계로 전환하였습니다. 이로 인해 이더리움의 에너지 사용량은 약 99.9% 이상 줄어들었고, 블록 생성 속도도 한층 안정화되었습니다.

그러나 PoS는 많은 프로젝트에서 채택하고 있는 방식임에도 불구하고, PoW와 달리 철학적으로 명확한 '출발점'을 갖기 어렵다는 점, 그리고 지분의 집중화로 인한 중앙화의 가능성 등은 앞으로도 중요한 논의가 될 수밖에 없습니다. 이 점에서 PoS는 단순한 대체제가 아니라, PoW와는 다른 고민이 필요한 별개의 패러다임이라 볼 수 있습니다. 또한 블록체인의 입장에서는 탈중앙화를 훼손하는 방향성을 가지고 있기 때문에 기술적 퇴보라고 보는 것이 바람직합니다.

## 5.3 HAP-2

### ① 가설수락절차란 무엇인가?

가설수락절차HAP-2, Hypothesis Acceptance Protocol는 대한민국의 기술 기업 아티프렌즈ArtiFriends Inc.에서 독자적으로 개발한 합의 알고리즘입니다. 이 알고리즘은 블록체인의 기본 철학인 탈중앙화와 보안성, 그리고 확장성을 동시에 만족시키기 위해 설계되었습니다.

기존의 블록체인 합의 방식인 PoW, PoS는 각자 장점과 단점을 갖고 있으며, 특히 PoS는 탈중앙화와 보안 측면에서의 절충이 필수적이었습니다. HAP-2는 이러한 기존 합의 방식이 가진 구조적 약점을 보완하고, 보다 현실적인 운영을 가능하게 하기 위해 고안된 새로운 패러다임의 합의 방식입니다.

HAP-2는 블록의 확정을 위해 '가설Hypothesis'이라는 개념을 도입합니다. 이는 블록체인 네트워크 내에서 특정 검증인이 제안한 블록을 확정전 상태로 존재시키고, 다른 노드들이 이 가설을 받아들이는 과정을 통해 최종적인 블록 확정을 이루는 절차입니다. 이 방식은 단순히 하나의 노드가 블록을 제안하고 확정하는 방식이 아니라, 복수의 노드들이 서로의 블록을 비교하고 병합Merge하여 더 완성도 높은 블록을 구성해가는 과정입니다.

## ② HAP-2의 블록 생성 방식

HAP-2의 핵심은 '가설 기반 합의 과정'에 있습니다. 이 과정은 다음과 같은 단계로 이루어집니다:

### 1) 검증인의 가설 제시

선출된 검증인 노드는 블록을 생성할 책임을 지게 됩니다. 블록에는 처리한 트랜잭션들과 해당 블록이 올바르게 생성되었음을 증명하는 검증인의 서명이 포함됩니다. 다만 이 블록은 곧바로 확정되지 않고 '가설'로 제시됩니다.

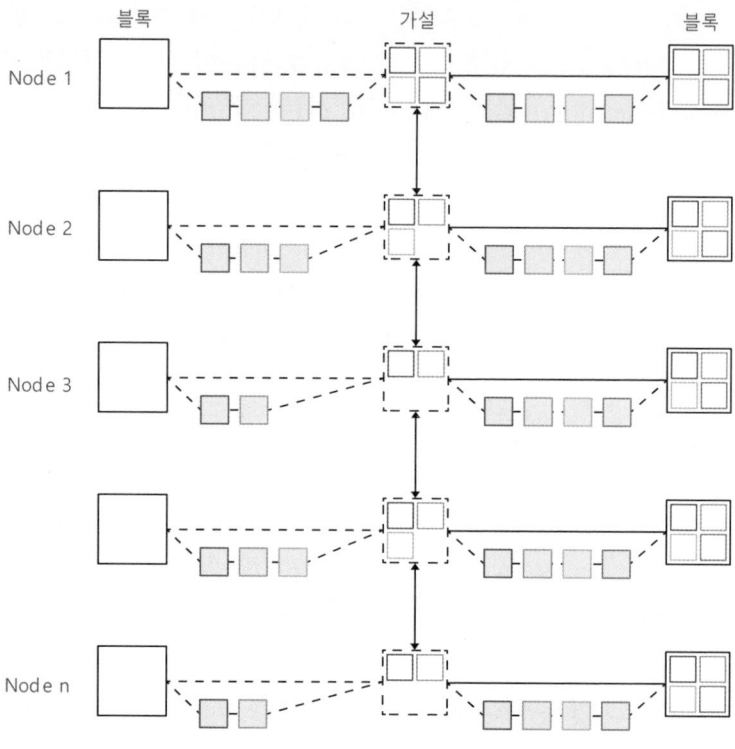

HAP-2 합의 과정 단순화

이 '가설'은 말 그대로 잠정적인 제안이며, 다른 노드들이 이 가설을 받아들일지, 혹은 더 나은 가설을 병합해 제시할지 결정하게 됩니다.

### 2) 가설 동기화 및 병합

모든 노드들은 서로의 가설을 지속적으로 받아보고 동기화합니다. 이 과정에서 만약 서로 다른 가설이 발견된다면, 단순히 우열을 가리는 것이 아니라 서로의 내용을 병합하여 더 나은 상위 가설을 생성합니다. 병합된 가설은 반드시 이전보다 더 많은 검증인의 서명을 포함해야 하며, 이 과정을 반복하면서 블록은 점점 정교해지고 신뢰도가 높아집니다.

이 병합 방식은 네트워크의 오류나 데이터 누락을 자연스럽게 복구할 수 있도록 설계된 구조입니다. 만약 인터넷 환경의 문제나 네트워크 지연 등으로 트랜잭션 일부가 누락된 상태에서 블록이 생성되더라도, 이후의 병합과 서명 누적으로 블록은 점점 완전한 형태에 가까워지게 됩니다.

### 3) 이중 서명의 감지와 배제

만약 동일한 검증인이 서로 다른 내용의 블록에 서명을 한다면(이중 서명), 이는 의도적인 조작 혹은 악의적인 행위로 간주됩니다. HAP-2는 이를 자동으로 감지하고 해당 검증인을 합의 과정에서 제외시킵니다.

즉, 동일한 수의 서명을 포함한 가설 블록들 중 값이 다르면, 해당 검증인이 동일 시점에 두 개의 블록을 제안한 것이므로 신뢰를 상실하게 되는 구조입니다. 이는 기존 PoS의 취약점으로 지적된 이중 블록 생성 문제를 해결하기 위한 핵심 메커니즘입니다.

**4) 정족수 달성 후 블록 확정**

가설 블록에 포함된 검증인 서명의 수가 정족수 이상이 되면, 해당 블록은 확정Confirmed 상태로 전환됩니다. 이때 비로소 블록체인의 영구적인 데이터로 저장되며, 다음 블록 생성 단계로 넘어갑니다.

### ③ HAP-2의 장단점

HAP-2의 장점 중 첫 번째는 검증인 비식별성으로 인한 보안성 강화입니다. HAP-2에서는 검증인 노드의 실체를 외부에서 특정할 수 없도록 설계되어 있습니다. 이는 검증인을 외부 공격으로부터 보호하기 위한 구조로, 기존 PoS 합의 방식에서 발생하는 검증인 노출에 의한 보안 취약점을 효과적으로 방지합니다. 블록체인에서 검증인의 역할은 암호화된 서명으로 표현되며, 이 서명은 안전하게 보호되므로 노드를 특정하는 것은 사실상 불가능합니다.

두 번째 장점은 이중 서명 방지와 데이터 정합성 유지입니다. HAP-2는 동일한 검증인이 서로 다른 블록에 서명하는 경우, 이를 이중 서명으로 판단하여 해당 검증인을 합의 과정에서 자동으로 배제합니다. 이러한 기능은 블록체인의 무결성과 신뢰성을 유지하는 데 큰 도움이 되며, 여러 검증인의 블록을 병합하는 구조를 통해 블록의 정합성 역시 자연스럽게 확보됩니다.

세 번째는 구조의 유연성과 다양한 적용 가능성입니다. HAP-2는 검증인을 어떤 방식으로 선출할지에 대한 제한을 두지 않습니다. PoW, PoS, 위임 방식 등 사용자의 필요에 따라 다양한 구조를 선택할 수 있도록 설계되어 있으며, 이는 HAP-2가 원래 기업 맞춤형 프라이빗 블록체인을 염두에 두고 개발되었기 때문에 가능한 유연성입니다.

네 번째는 빠른 블록 확정 속도입니다. HAP-2에서는 검증인 간의 병합과 동기화만으로 블록이 확정되기 때문에 채굴 작업이나 블록 전파에 의한 지연 없이 매우 빠른 시간 내에 블록 확정이 이루어집니다. 실제로 SASEUL 메인넷에서는 약 6초 이내에 블록이 확정되는 성능을 보여주며, 이는 퍼블릭 블록체인 중에서도 매우 빠른 수준입니다.

반면 HAP-2는 몇 가지 단점도 존재합니다. 첫 번째 단점은 복잡한 병합 구조에 따른 설계 난이도입니다. 블록 병합 및 가설 비교라는 독특한 합의 방식은 단순한 블록체인 합의 구조보다 복잡한 로직을 필요로 하며, 이를 처음 이해하고 설계하기 위해서는 높은 수준의 기술적 이해가 요구됩니다.

두 번째 단점은 초기 구성 방식에 따라 시스템 성능이 달라질 수 있다는 점입니다. HAP-2는 자체적으로 검증인 선출 방식을 정의하지 않기 때문에, 어떤 방식을 채택하느냐에 따라 전체 네트워크의 보안성이나 탈중앙화 수준이 크게 달라질 수 있습니다. 예를 들어 만약 PoS를 기반으로 검증인을 선출하게 된다면, PoS 고유의 문제점들이 그대로 영향을 줄 수 있습니다. 이는 HAP-2가 유연한 구조를 가진 대신, 사용자가 구성 초기 단계에서 보다 신중하게 설계해야 함을 의미합니다.

### ④ 정리하며

가설수락절차(HAP-2)는 블록체인 합의 알고리즘의 새로운 대안으로, 기존 합의 알고리즘의 구조적 문제를 뛰어넘는 방식을 제시합니다. 특히 보안성과 탈중앙성 측면에서 새로운 가능성을 열어주며, 블록 생성 과정에서의 투명성과 정합성을 강화합니다.

검증인 병합 구조, 이중 서명 제거 메커니즘, 빠른 확정 시간 등은 블록체인의 실용성과 철학을 동시에 지켜내기 위한 고민의 결과물이라 할 수 있습니다.

현재 HAP-2는 사슬SASEUL 퍼블릭 블록체인 메인넷에서 실제로 운영되고 있으며, 완전한 탈중앙화를 기반으로 하면서도 상용 블록체인 중 가장 빠른 수준의 성능을 자랑하고 있습니다.

HAP-2는 단순한 기술이 아니라, 블록체인과 컴퓨터 공학의 미래를 향한 철학적 제안이라고 말할 수 있습니다. 컴퓨터 공학의 역사 속에서, 인터넷이 등장하기 이전의 컴퓨터는 입력Input과 출력Output

을 1:1 함수 구조로 처리했습니다. 즉, 사용자가 입력한 데이터를 그 컴퓨터가 스스로 계산하고 결과를 출력하는 구조였습니다.

이후 인터넷이 발전하고 중앙 서버 시스템이 일반화되면서, 컴퓨터의 처리 구조는 일대다 함수로 바뀌게 됩니다. 여러 사용자가 각자의 컴퓨터를 통해 요청(입력)을 보내면, 중앙 서버가 이를 처리하고 결과(출력)를 돌려주는 구조입니다.

블록체인의 등장은 이 구조를 다시 한번 진화시켰습니다. 블록체인에서는 **입력과 출력이 다대다 함수 관계**를 이루게 됩니다. 다양한 노드에서 발생하는 수많은 트랜잭션(입력)을, 특정 노드가 처리하고 결과를 기록하며, 이 모든 과정이 네트워크 전체에 공유됩니다. 컴퓨터 공학적인 관점에서 보자면, 이는 분산 처리의 궁극적인 진화 형태라고 할 수 있습니다.

HAP-2는 이러한 구조 속에서 블록체인의 철학을 구현하는 동시에, 기술적 진보를 이끄는 새로운 기준을 제시하고 있습니다.

# 6장

# 사슬의 특징

## 6.1 스마트 컨트랙트

스마트 컨트랙트라는 개념은 1990년대 초반, 암호학자이자 법학자인 닉 재보(Nick Szabo)에 의해 처음 제안되었습니다. 그는 "계약을 디지털화하고, 자동으로 조건을 확인하고 집행하는 시스템"을 만들고자 했습니다. 당시에는 서면 계약이 일반적이었는데, 서면 계약의 한계를 극복하기 위해 스마트 컨트랙트를 구상했습니다.

스마트 컨트랙트가 본격적으로 구현된 건 2015년 이더리움이 등장하면서입니다. 비트코인은 단순한 송금 기능만 제공했지만, 이더리움은 프로그래밍이 가능한 플랫폼을 만들어 스마트 컨트랙트를 누구나 작성하고 배포할 수 있게 했습니다.

따라서 스마트 컨트랙트는 사슬만의 특징은 아닙니다. 그러나 사슬에서는 스마트 컨트랙트를 더욱 고도화하여 사용함으로써 블록체인의 미래를 제시하고, 이더리움의 한계를 극복하였습니다.

### ① 스마트 컨트랙트란 무엇인가?

스마트 컨트랙트란 조건이 충족되면 자동으로 실행되는 프로그램입니다. 프로그래밍에 익숙하지 않은 사람들은 코드라는 개념이 어렵게 느껴집니다. 그러나 쉽게 생각하면 코드는 일종의 함수들의 집합이라고 볼 수 있습니다. X라는 입력값이 있으면 Y라는 결과값이 출력되는 것입니다. 우리가 빵집에 가서 돈을 내면 빵을 살 수 있습니다. 돈을 내는 행위가 입력값이 되고, 빵을 얻는 행위가 결과값이 되는 것입니다.

스마트 컨트랙트는 쉽게 설명하면 코드를 블록 안에 기록하는 것을 의미합니다(엄밀한 설명은 아닙니다). 비트코인에서는 단순히 돈을 주고받는 단순한 송금 형태의 트랜잭션만(엄밀히 말하면 트랜잭션에 ASCII 코드를 넣어 단순한 메시지나 이미지를 블록에 넣기도 했습니다)을 블록에 저장했습니다. 그런데 이더리움에서는 이보다 한층 진화해 코드를 블록체인 네트워크에 등록하고, 코드가 작동할 수 있도록 설계했습니다.

배포된 코드는 조건만 만족하면 정해진 대로 실행되며 결과값이 블록에 저장됩니다. 노드들은 과정을 검토하고 결과값을 블록에 저장함으로써 위변조가 발생하기 어렵습니다. 예를 들어 우리가 빵집에 가서 돈을 냈는데 빵집 주인이 빵을 판매하지 않을 수도 있습니다. 그러나 스마트 컨트랙트를 활용하면 이러한 상황은 벌어지지 않습니다. 충분한 돈을 내는 행위만 있다면 무조건 빵을 대가로 주는 것이 강제됩니다. 함수 집행의 변수가 사라지는 것입니다.

이더리움에서는 스마트 컨트랙트를 활용해 다양한 시도들을 진행했습니다. 대표적으로 토큰Token을 발행한 것입니다. 흔히 알려진 ERCEthereum Request for Comments-20과 같은 컨트랙트가 바로 토큰을 발행하는 스마트 컨트랙트입니다. 이더리움에서는 누구나 규칙을 준수하면 스마트 컨트랙트를 배포할 수 있습니다. 이중 활용성이 높은 컨트랙트를 이더리움 표준으로 정의하고 많은 사람들이 쉽게 사용할 수 있도록 만들었습니다.

즉, 스마트 컨트랙트는 코드의 진행을 블록체인 내에서 이루어지도록 하여 진행 과정에서의 위변조를 막고, 입력값이 일치한다면 동일한 결과값을 기대할 수 있도록 만든 프로그래밍이라고 볼 수 있습니다.

## ② 사슬 스마트 컨트랙트의 특징

사슬SASEUL도 이더리움처럼 스마트 컨트랙트를 지원합니다. 오늘날 블록체인에서 스마트 컨트랙트는 없어서는 안 될 핵심 기술입니다. 스마트 컨트랙트가 없으면 블록체인은 단순히 '돈을 주고받는 시스템'에 머물게 되어, 활용 가능성이 매우 제한됩니다. 실제로 이더리움이 나오기 전부터 개발되었던 '텐더민트Tendermint'라는 프로젝트는 스마트 컨트랙트를 지원하지 않아, 이후 보완을 시도했지만 적용이 쉽지 않았습니다.

사슬의 스마트 컨트랙트는 지원 언어 측면에서 이더리움보다 훨씬 유연합니다. 이더리움에서는 '솔리디티Solidity'라는 특수한 언어를 사용해야 합니다. 이 언어는 이더리움 블록체인을 위해 만들어졌기 때문에 다른 곳에서는 거의 사용되지 않으며, 개발자가 새로 배워야 하는 부담이 있습니다. 실제로 많은 블록체인이 이더리움 기반으로 만들어졌지만, 단지 스마트 컨트랙트를 위해 생소한 언어를 익혀야 한다면 망설여질 수밖에 없습니다.

반면 사슬에서는 자바스크립트JavaScript도 지원합니다. 자바스크립트는 웹사이트나 앱 개발 등에 가장 널리 쓰이는 언어 중 하나로, 많은 개발자들이 이미 익숙하게 사용하고 있습니다. 사슬은 자바스크립트로 작성한 코드를 자체 시스템 언어로 자동 변환해 주는 SDK(소프트웨어 개발 키트)를 제공합니다. 덕분에 별도로 낯선 언어를 배울 필요 없이, 친숙한 언어로 블록체인 서비스를 개발할 수 있어 진입 장벽이 낮습니다.

또한 사슬의 스마트 컨트랙트는 수정이 가능합니다. 일반적으로 블록체인의 스마트 컨트랙트는 한 번 배포하면 수정이 불가능합니다. 왜냐하면 누군가 편의에 따라 코드를 바꾸기 시작하면 블록체인의 신뢰성과 일관성이 무너질 수 있기 때문입니다. 하지만 반대로, 사람이 직접 만든 코드인 만큼 실수나 개선이 필요한 경우도 생깁니다. 이럴 때마다 처음부터 다시 새로 만드는 것은 번거롭고 비효율적입니다.

이더리움의 스마트 컨트랙트는 대부분 '하드코딩Hardcoding'으로 작성되어 있습니다. 이는 코드 속에 고정된 숫자나 규칙을 그대로 적어 넣는 방식입니다. 하드코딩은 개발 속도가 빠르고 단순하지만, 나중에 수정하거나 다른 상황에 맞게 바꾸기 어려운 단점이 있습니다. 블록체인의 특성상 '수정 불가능한 코드'를 강조하다 보니, 이더리움의 스마트 컨트랙트는 대부분 하드코딩으로 구성되어 있습니다.

사슬은 이 부분에서도 차별점을 둡니다. 하드코딩을 지양하고, 스마트 컨트랙트를 수정할 수 있도록 설계했습니다. 물론 아무나 수정할 수 있게 만든 건 아닙니다. 수정하는 행위 자체도 블록체인에 기록되어 모두가 확인할 수 있게 만들었습니다. 그리고 기존의 스마트 컨트랙트를 바꾸기 위한 별도의 '수정용 스마트 컨트랙트'를 사용해 투명성과 안정성도 함께 보장합니다.

정리하자면 사슬은 이더리움처럼 스마트 컨트랙트를 지원하면서도, 더 친숙한 개발 환경과 유연한 수정 가능성을 제공하는 것이 가장 큰 차이점입니다. 일반 사용자 입장에서는 "사슬도 스마트 컨트랙트를 지원하며, 개발자 입장에서 더 편리하고 유연한 구조를 제공한다"는 정도만 이해하셔도 충분합니다.

## 6.2 이중 체인

퍼블릭 블록체인을 구현하기 위해서는 노드들이 자발적으로 참여할 수 있는 유인을 제공해야 합니다. 동시에 블록체인의 철학인 탈중앙화도 반드시 지켜야 합니다. 단순히 일부만 분산되었다고 해서 탈중앙화가 이루어졌다고 보기 어렵기 때문에, 퍼블릭 블록체인에서는 100%에 가까운 탈중앙성을 실현하는 것이 중요합니다. 이를 위해서는 많은 고려가 필요합니다.

HAP-2는 블록을 빠르고 안전하게 확정하기 위한 검증인 간의 합의 알고리즘입니다. 특징적인 점은, 검증인을 어떻게 선출할지는 고정적으로 정해진 바가 없다는 것입니다. 사용자나 시스템 운영자의 판단에 따라 PoS 방식을 선택할 수도 있고, 다른 방식으로도 검증인을 정할 수 있도록 열려 있습니다.

하지만 진정한 의미의 완전한 탈중앙화를 실현하기 위해서는 PoW만큼 효과적인 방식은 없습니다. PoW는 최초부터 채굴을 통해 참여자를 선발하고, 모든 기록이 블록에 저장되기 때문에 누구도 결과에 이의를 제기하기 어렵습니다. 따라서 사슬은 PoW 기반의 채굴 방식을 통해 검증인을 선정하는 구조를 채택했습니다.

그러나 하나의 체인 안에서 PoW 방식만을 사용하면 문제가 발생합니다. PoW에서는 채굴이 곧 블록 생성으로 이어지기 때문에, 아무리 빠른 시스템이라 해도 채굴 주기만큼의 속도 지연은 피할 수 없습니다. 다시 말해 완전한 탈중앙화는 실현되지만, 속도는 느려질 수밖에 없습니다.

이 한계를 극복하기 위해 사슬은 전 세계에서 최초로 하나의 블록체인 안에 두 개의 체인을 공존시키는 '이중 체인 구조'를 구현했습니다. 바로 PoW 체인과 HAP-2 체인입니다. 사슬 메인넷은 이를 각각 리소스 체인Resource Chain과 메인 체인Main Chain이라고 부릅니다.

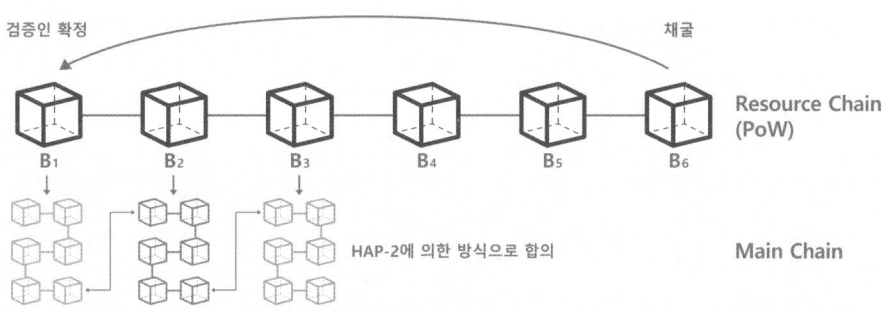

이중 체인 구조

리소스 체인은 비트코인처럼 PoW 방식으로 작동하며, 채굴자를 선정하는 역할을 합니다. 채굴에 성공한 노드는 리소스 체인에 자신이 채굴에 성공했다는 기록을 남기고, 메인 체인에서는 그 기록을 바탕으로 해당 노드를 검증인으로 선출합니다. 이렇게 선출된 검증인은 다음 채굴자가 등장하기 전까지 메인 체인에서 블록 생성과 트랜잭션 검증을 맡게 됩니다.

이 구조의 가장 큰 장점은 PoW의 느림이라는 단점을 제거하면서도, PoW가 가진 탈중앙화의 장점은 그대로 유지할 수 있다는 점입니다. 메인 체인에서는 이미 선정된 검증인이 HAP-2를 통해 빠르게 블록을 생성하고 네트워크를 운영하므로, 채굴 지연과 상관없이 실시간에 가까운 속도로 트랜잭션이 처리됩니다.

또한 HAP-2 방식의 블록 생성은 서명과 가설 정보만으로 진행되기 때문에, 검증인 노드를 외부에서 식별할 수 없습니다. 이로 인해 검증인 노드는 외부 공격으로부터 안전하게 보호될 수 있습니다. 기존의 블록체인들이 검증인이 노출되어 공격 대상이 되거나 중앙화되는 문제를 겪었던 것과 비교하면, 사슬의 구조는 훨씬 안전한 구조입니다.

이처럼 하나의 블록체인에 두 개의 체인을 연결해 서로의 약점을 보완하고 강점을 살리는 방식은 사슬 이전에는 누구도 구현하지 못한 구조입니다. 처음 들었을 때는 단순한 아이디어처럼 느껴질 수 있지만, 실제 구현에는 많은 기술적 고민과 노력이 필요합니다. 두 체인이 서로 유기적으로 연결되어야 하기 때문에, 일반적인 블록체인보다 고려해야 할 기술적 요소도 훨씬 많습니다.

하지만 그만큼 결과는 확실합니다. 사슬은 완전한 탈중앙화, 빠른 블록 생성 속도, 검증인 보호, 높은 보안성이라는 네 가지 가치를 동시에 실현하며, 새로운 블록체인 구조의 가능성을 제시하고 있습니다.

## 6.3 저장 공간 확보

빠른 블록체인은 그만큼 블록의 데이터가 빠르게 쌓입니다. 모든 노드가 동일한 블록 데이터를 보관해야 하는 블록체인의 특성상 저장 공간 문제는 반드시 해결해야 하는 과제입니다. 그러나 아직까지는 완전히 용량의 문제를 해결할 수 있는 방법은 없습니다. 다만 용량이 쌓이는 속도를 최소화하고 시간을 지연시키는 방법은 존재합니다.

### ① 머클트리란?

머클트리Merkle Tree는 다수의 데이터를 요약하고 검증할 수 있도록 설계된 해시 기반의 트리 구조입니다. 비트코인을 비롯한 대부분의 블록체인 시스템은 트랜잭션을 처리할 때 이 구조를 사용합니다.

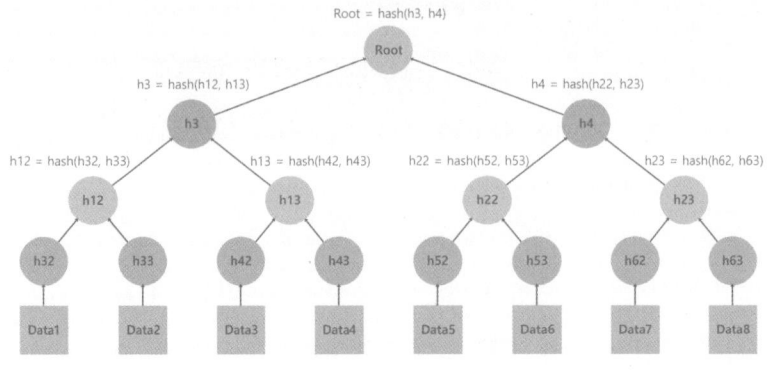

머클트리 단순화

머클트리에서는 하위 구조와 상위 구조가 체계적으로 나뉘어 연결됩니다. 가장 아래쪽에는 각각의 트랜잭션 데이터를 해시한 값들이 위치하고, 그 위에는 서로 인접한 해시값 두 개를 합쳐 다시 해시한 값이 올라갑니다. 이 과정을 반복하다 보면 결국 최상단에는 모든 트랜잭션의 해시값을 하나로 압축한 '최종 해시값'이 생성됩니다. 이 값을 **머클루트**라고 부르며, 이 해시값이 바로 앞서 설명한 블록의 이름표에 해당합니다.

이 구조는 데이터를 검증하는 데 매우 효과적입니다. 블록체인에서는 거의 모든 데이터를 암호화해서 사용하며, 그중 대표적인 방식이 **해시**Hash 암호입니다. 해시란 어떤 값을 정해진 방식으로 암호화해 고정된 길이의 출력값으로 바꾸는 것입니다. 중요한 점은, 이 해시값은 입력값이 조금이라도 달라지면 완전히 다른 값으로 바뀌며, 해시값만 가지고는 원래의 입력값이 무엇이었는지를 유추

하기 매우 어렵다는 것입니다.

결국 머클트리는 입력값을 통해 출력값(해시값)을 알아내는 것은 매우 쉽지만, 그 반대로 출력값만 가지고 입력값을 알아내는 것은 사실상 불가능하다는 점을 활용한 구조입니다. 이 특성 덕분에 데이터가 위조되었는지를 빠르게 확인할 수 있습니다. 예를 들어 머클루트가 달라졌다면, 이는 하위 트랜잭션 중 하나라도 변경되었다는 것을 의미합니다. 따라서 블록 전체를 일일이 확인하지 않아도 머클루트 하나만으로 해당 블록의 정합성을 검증할 수 있습니다.

또한 머클트리는 전체 데이터를 다 내려받지 않아도 특정 트랜잭션이 블록에 포함되어 있는지를 확인할 수 있게 해 줍니다. 머클루트와 해당 트랜잭션이 포함된 경로에 있는 몇 개의 해시값만 알면, 그 거래가 실제 블록 안에 포함되어 있었는지를 빠르게 검증할 수 있습니다.

이처럼 머클트리는 데이터를 요약하고 위변조를 막으며, 동시에 검증을 효율적으로 수행하게 해 주는 블록체인의 핵심적인 구조입니다.

② **머클트리의 활용**

블록체인에서 모든 노드가 동일한 블록을 보관하는 이유는 '신뢰' 때문입니다. 불특정 다수의 노드들이 참여하는 구조에서는, 상대방이 제시하는 데이터를 쉽게 신뢰할 수 없습니다. 그래서 블록체인은 모든 노드가 동일한 데이터를 함께 보관하도록 하여 시스템 전체의 신뢰를 확보합니다. 이는 누구도 믿지 않기 때문에 발생하는 비효율이자, 동시에 아무도 믿지 않기 때문에 얻을 수 있는 '시스템적 신뢰'라는 아이러니를 내포하고 있습니다.

그렇다면 만약 모든 데이터를 보관하지 않아도 데이터를 신뢰할 수 있는 방법이 있다면, 굳이 모든 노드가 똑같은 블록 데이터를 보관할 필요는 없다고 할 수 있습니다.

우리는 이미 머클트리를 통해, 특정 **트랜잭션이 블록에 포함되어 있는지**를 간결하게 검증할 수 있다는 사실을 확인했습니다. 블록 안에 저장된 트랜잭션은 위변조가 불가능하다는 전제를 기반으로 하며, 머클루트만 있어도 해당 트랜잭션의 유효성을 검증할 수 있습니다.

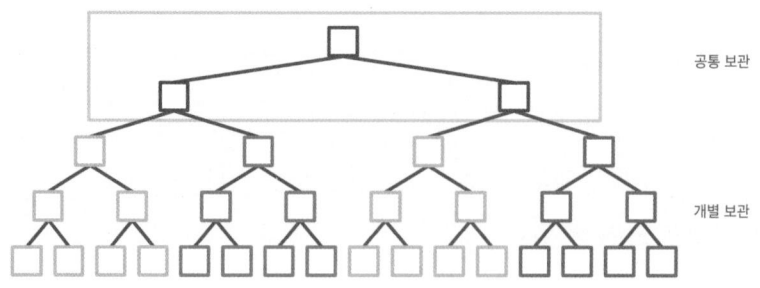

머클트리를 활용한 분산 저장

사슬은 이 머클트리 구조를 적극적으로 활용하여, 모든 노드가 블록 전체를 보관하지 않아도 되는 방식을 제안합니다. 예를 들어 상위 트리는 전체 노드가 공통으로 보관하고, 하위 트리는 각 노드가 나눠서 개별적으로 보관하는 구조를 생각해볼 수 있습니다.

이러한 구조에서는 만약 누군가가 하위 트리의 데이터를 위변조한다면, 곧바로 상위 트리인 머클루트의 해시값이 바뀌게 됩니다. 이는 곧 공통 영역에서 위변조를 감지할 수 있다는 의미이며, 개별 노드가 보관한 데이터를 마음대로 조작할 수 없게 만듭니다.

또한 트랜잭션을 처리하는 도중 자신이 보유하고 있지 않은 과거 데이터가 필요해질 경우, 다른 노드로부터 해당 데이터를 받아올 수 있습니다. 이때 받은 데이터가 조작된 것은 아닌지, 올바른 데이터인지를 검증하는 과정은 머클트리를 통해 처리합니다.

이 구조의 가장 큰 장점은, **모든 노드가 전체 데이터를 보관하지 않더라도 다른 노드가 가진 데이터의 정합성을 검증할 수 있다는 점입니다.** 이는 블록체인의 가장 핵심적인 대전제였던 '모든 노드가 동일한 데이터를 보관해야 한다'는 원칙을 근본적으로 뒤집는 발상입니다.

각 노드가 자신이 책임질 데이터를 규칙적으로 나누어 저장하고, 필요 없는 데이터를 버릴 수 있다면, 전체 데이터에 누락 없이 블록체인이 유지될 수 있습니다. 물론 노드의 이탈이나 천재지변 등으로 일부 데이터가 유실될 가능성은 여전히 존재합니다. 그렇기 때문에 일부 노드는 모든 데이터를 안전하게 보관하는 '백업 노드'로서의 역할이 필요할 수 있습니다.

그러나 중요한 것은, 일반 사용자나 소규모 참여자들이 반드시 모든 데이터를 보관해야만 하는 시대는 끝났다는 사실입니다. 기존의 블록체인에서는 이 부담이 참여 장벽으로 작용했고, 노드들은 저장 공간의 압박에서 벗어나기 어려웠습니다. 반면 사슬은 이런 강제를 없애고, 블록체인의 기본 원칙에 혁신을 가져왔습니다.

### ③ 데이터 보관의 보상 구조 설계

머클트리를 기반으로 데이터를 분산 저장하는 방식은 기존 블록체인의 구조를 근본적으로 바꿀 수 있는 혁신적인 아이디어입니다. 하지만 이와 동시에 '백업 노드'의 존재는 필수적입니다. 모든 노드가 블록 전체 데이터를 저장할 필요는 없지만, 모든 노드가 단지 일부만 보관하는 구조는 시스템의 안정성 측면에서 매우 취약해질 수 있기 때문입니다.

문제는 보상입니다. 전체 데이터를 보관하는 노드와 단지 일부만 저장하는 노드가 동일한 보상을 받는다면, 누구도 더 많은 데이터를 저장하려 하지 않을 것입니다. 이러한 구조에서는 전체 데이터를 보관하려는 유인이 없어지고, 결국 데이터의 안정적인 보관이 어려워질 수밖에 없습니다.

이 문제를 해결하기 위해 사슬에서는 **데이터 조회 자체에도 보상 구조**를 설계했습니다. 블록을 생성하는 과정에서, 노드가 자신이 가지고 있지 않은 과거 데이터를 참조해야 할 경우 다른 노드에게 데이터를 요청하게 됩니다. 이때 요청을 받아 데이터를 제공한 노드는 시스템적으로 '**영수증**Receipt'을 발급받게 됩니다. 이 영수증은 이후 블록에서 사슬 메인넷의 공용 화폐인 SL로 전환할 수 있습니다.

2025년 기준으로 사슬 메인넷의 전체 원장 크기는 아직 작기 때문에, 분산 저장 구조를 반드시 실행해야 할 만큼의 필요성은 크지 않습니다. 그러나 분산 저장 기능은 이미 메인넷 안에 구현되어 있으며, 원장 크기가 일정 수준을 넘어서게 되는 순간부터 이 기능은 본격적으로 작동하며 그 가치를 드러내게 됩니다.

만약 자신이 운영하는 노드에 저장 공간 여유가 있다면, 혹은 추가로 더 많은 하드디스크를 설치한다면, 다른 노드로부터 데이터를 요청받을 가능성도 높아집니다. 그 결과 단순한 채굴 성공 외에도 데이터 제공을 통해 영수증을 획득하고 보상을 받을 수 있는 기회가 생깁니다.

즉, 사슬은 단순히 데이터를 저장하는 데서 끝나는 것이 아니라, 데이터를 제공하고, 이를 통해 보상을 받는 선순환 구조를 만들어 냈습니다. 이는 블록체인의 저장 구조에 새로운 가능성을 제시하는 설계라고 할 수 있습니다.

궁극적으로 사슬이 지향하는 미래는, 전 세계에 흩어져 있는 모든 노드의 하드디스크를 하나로 연결하는 것입니다. 기존의 블록체인에서는 참여하는 노드의 수와 전체 네트워크의 저장 용량 사이에 아무런 상관관계가 없었습니다. 그러나 사슬 메인넷에서는 참여 노드가 많아질수록 네트워크 전체에서 활용할 수 있는 저장 공간 또한 자연스럽게 증가하게 됩니다. 이는 곧, 분산된 저장 자원을 하나의 거대한 컴퓨팅 자원으로 통합하는 'Universal Computing'의 출발점이라 할 수 있습니다.

## 6.4 스마트 컨트랙트 동시 처리

### ① 전통 방식: 브릿지

스마트 컨트랙트는 독립적으로 실행되는 것을 기본 원칙으로 삼습니다. 이미 블록체인에 배포되어 작동 중인 스마트 컨트랙트가 외부에서 간섭을 받게 되면, 전체 시스템의 신뢰가 무너질 수 있기 때문입니다. 예를 들어 A라는 스마트 컨트랙트를 통해 특정 토큰이 발행되었다고 가정해봅시다. 이 토큰은 오직 A라는 컨트랙트에 의해 움직이며, 그 안의 코드에 따라 작동합니다. 그런데 후에 B라는 다른 컨트랙트가 등장해 이 토큰의 움직임에 간섭할 수 있게 된다면, 해당 토큰의 신뢰도는 급격히 떨어질 것입니다.

이처럼 스마트 컨트랙트는 각자의 영역Contract Space에서 독립적으로 작동해야 하며, 서로 간섭하지 않는 것이 설계 원칙입니다. 그러나 사슬 이전의 기존 블록체인에서는 이러한 독립적인 스마트 컨트랙트들을 동시에 처리할 수 있는 기술이 존재하지 않았습니다. 이로 인해 사람들은 컨트랙트 간의 상호작용을 중계하는 장치인 '브릿지Bridge'가 필요하다고 생각했고, 현재 암호화폐 시장에서는 이 브릿지가 매우 일반적인 구성 요소로 자리 잡았습니다.

또한 많은 사람들은 브릿지가 서로 다른 블록체인 간에만 필요한 것이라고 오해합니다. 예를 들어 이더리움의 이더ETH와 솔라나의 솔SOL을 교환하려면 브릿지가 필요하다고 알고 있는 것입니다. 하지만 사실상 같은 블록체인 안에서도, 서로 다른 스마트 컨트랙트가 배타적인 컨트랙트 스페이스에서 작동하고 있다면, 그 사이에서도 브릿지가 필요하게 됩니다. 실제로 이더리움 네트워크 안에도 수많은 토큰이 존재하며, 토큰 A와 토큰 B를 교환하려는 거래 역시 내부 브릿지를 필요로 합니다.

예를 들어 A라는 사람이 얼굴도 모르는 B라는 사람과 100X 토큰과 100Y 토큰을 서로 교환하기로 했다고 가정해봅시다. 그런데 막상 거래를 진행하려고 하면, 두 사람 모두 난처한 상황에 직면하게 됩니다. A는 자신이 먼저 100X 토큰을 전송하더라도, B가 과연 약속대로 100Y 토큰을 보내줄지 확신할 수 없습니다. 마찬

가지로 B 역시 A를 믿고 먼저 100Y를 보낼 수는 없습니다. 상대방을 신뢰할 수 없는 환경에서 발생하는 전형적인 문제입니다.

이 문제는 사실 기술적으로 해결이 불가능한 것이 아닙니다. 만약 "A가 100X를 전송하는 동시에 B도 100Y를 전송해야만 거래가 성립되는 방식"의 **동시 처리 기술**이 존재했다면, 이런 신뢰 문제는 애초에 발생하지 않았을 것입니다. 그러나 안타깝게도 지금까지 블록체인 기술에서는 이처럼 서로 다른 스마트 컨트랙트의 상태를 동시에 처리하는 기술이 개발되지 않았습니다. 그 결과 사람들은 결국 브릿지라는 우회적인 해결책에 의존하게 된 것입니다.

결국 브릿지는 기존 금융에서 사용되던 에스크로Escrow 개념과 크게 다르지 않습니다. 누군가가 중간에 개입해 거래의 신뢰를 보증하는 구조입니다. 그러나 블록체인의 철학은 사람의 개입을 최소화하고, 신뢰를 코드로 대체하는 것입니다. 그럼에도 불구하고 여전히 사람 또는 특정 운영 주체가 개입해야만 작동하는 브릿지가 블록체인 산업의 중심에 있다는 것은, 이 기술의 본질을 오해하고 있다는 방증입니다.

브릿지를 처음 제안한 사람은 아마 비즈니스적인 현실적 필요를 염두에 두었을 것입니다. 하지만 이를 받아들인 시장과 사용자들이 이를 진보적인 기술로 받아들이고 있다는 현실은 안타깝습니다. 블록체인은 중앙 서버 시스템에서 탈중앙 시스템으로 패러다임 자체가 바뀐 기술입니다. 그렇다면 이 새로운 전제에 맞춰 산업 구조 역시 탈중앙 방식으로 재설계되어야 합니다. 하지만 사람들은 여전히 중앙화된 시스템의 틀에서 벗어나지 못한 채, 익숙한 구조만을 다시 반복하고 있습니다.

결국 독립적으로 작동하는 스마트 컨트랙트들을 동시에 안전하게 처리할 수 있는 기술이 개발되지 못했고, 그 자리를 브릿지라는 가장 불안정한 방식이 차지하게 된 것입니다. 이는 블록체인의 기술 발전이 어느 지점에 정체되어 있는지를 단적으로 보여주는 사례라고 할 수 있습니다.

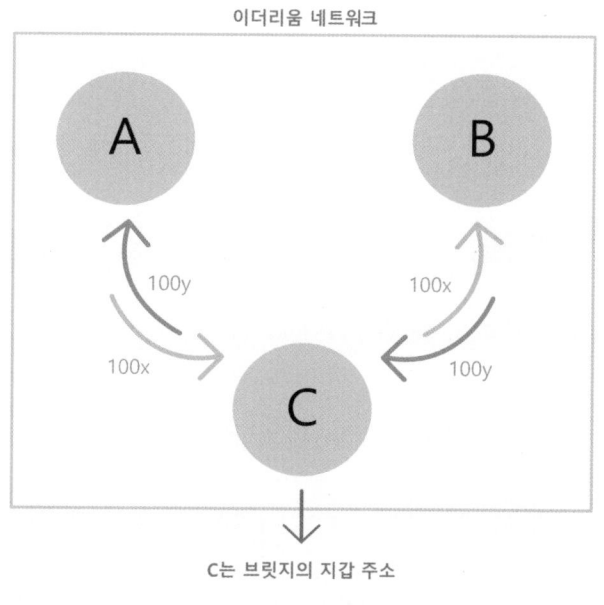

브릿지 구조 단순화

② 스마트 컨트랙트의 동시 처리

결론부터 말하자면, 스마트 컨트랙트는 **동시 처리가 가능합니다.** 이는 사슬에서 새롭게 만든 기능은 아닙니다. 스마트 컨트랙트의 개념을 제대로 이해하고 있다면 누구나 떠올릴 수 있는 아이디어 차원의 문제에 가깝습니다. 다만 이 기능을 개발하거나 제안한다고 해서 직접적인 금전적 이익이 발생하지 않기 때문에, 지금까지 블록체인 개발자들 사이에서 이 문제에 진지하게 접근한 사례는 거의 없었습니다. 실제로 스마트 컨트랙트에 대한 개발자들의 이해도는 2015년과 비교해도 별다른 발전이 없다고 해도 과언이 아닙니다.

스마트 컨트랙트의 동시 처리 기능은 같은 체인 내에서의 스왑은 물론, 서로 다른 체인 간의 스왑, 즉 이종 체인 간의 자산 교환에도 적용할 수 있습니다. 예를 들어 이더리움의 ETH와 솔라나의 SOL을 서로 교환한다고 했을 때, 별도의 브릿지가 없어도 거래가 가능합니다. 단, 이 기능은 스마트 컨트랙트를 지원하는 블록체인 네트워크에서만 구현이 가능합니다.

┌─────────────────────────────┐    ┌─────────────────────────────┐
│      스마트 컨트랙트 1          │    │      스마트 컨트랙트 2          │
│                             │    │                             │
│ 1. X는 50A 예치              │    │ 1. Y는 100B 예치             │
│ 2. 컨트랙트 문제를 풀면 50A가 Y에게 전송됨 │ 2. 컨트랙트 문제를 풀면 100B가 X에게 전송됨 │
│   (단, 10분간 X는 컨트랙트를 취소할 수 없음) │   (단, 5분간 Y는 컨트랙트를 취소할 수 없음) │
└─────────────────────────────┘    └─────────────────────────────┘

- 컨트랙트 문제: [???]는 해시 암호화를 하면 강아지가 됨.
  [???]는 무엇일까요?

< 과정 >

① X는 스마트 컨트랙트 1을 제작 ( X는 '???'를 알고 있음 )

② Y는 스마트 컨트랙트 1의 문제를 그대로 복사해서 스마트 컨트랙트 2 제작

③ X는 스마트 컨트랙트 2의 문제를 풀고 100B를 받음 ('???'를 알고 있기 때문에 가능)

④ Y는 X의 정답을 확인하여 스마트 컨트랙트 1의 문제를 풀고 50A를 받음

⑤ X는 문제를 풀어도 10분간 컨트랙트 취소가 불가능하므로 사기가 원천적으로 차단됨

스마트 컨트랙트의 동시 처리 예시

실제 구현 방법은 다음과 같습니다.

### 1. (체인 A)

X가 50A를 예치합니다. 이 예치된 금액은 특정 해시의 원래 입력값을 Y가 입력할 경우, 승인Approve 트랜잭션으로 전환될 수 있습니다. 하지만 Y는 해시의 결과값만 알고 있고, 원래 입력값은 알지 못합니다. 이 상태는 10분이 지나면 자동으로 취소됩니다.

### 2. (체인 B)

Y가 100B를 예치합니다. 이 금액은 X가 1단계에서 만든 해시의 원래 입력값을 입력하면 승인 트랜잭션으로 바뀝니다. Y는 체인 A에서 사용된 해시의 결과값을 알고 있으므로, 체인이 다르더라도 그 값을 기반으로 체인 B에 스마트 컨트랙트를 설정할 수 있습니다. 이 상태는 5분 후 취소됩니다.

### 3. (체인 B)

X는 해시의 원래 값을 입력해 2단계 거래를 완료합니다.

**4. (체인 A)**

2단계 거래가 완료되면서 Y는 해시의 원래 값을 알 수 있게 되고, 이를 통해 1단계의 거래를 완료합니다.

이런 모든 과정을 스마트 컨트랙트로 묶어 블록체인에 배포하면, 토큰 스왑과 같은 자산 교환 작업을 완전히 자동화하고 동시에 처리할 수 있습니다. 기술적으로 구현이 다소 복잡하고 생소할 수는 있지만, 그 원리는 예전부터 스마트 컨트랙트가 지원해 오던 기능에 기반한 것입니다. 또한 이 방식은 현재 존재하는 어떤 블록체인 기술보다도 혁신적이며 실용성이 높은 아이디어입니다.

### ③ 실제 적용: NFT 발행 티켓 구매

사슬의 공식 지갑 애플리케이션 **가디**GUARDEE에서는 NFTNon-Fungible Token를 직접 발행할 수 있는 기능을 제공합니다. 이 기능을 이용하려면 먼저 사슬의 암호화폐인 SL과 함께 NFT 발행 티켓이 필요합니다. (현재 사슬에서는 100 SL을 지불하면 NFT 발행 티켓 10장을 구매할 수 있습니다.)

이 기능은 단순히 NFT를 만들어보는 체험을 넘어, 스마트 컨트랙트의 동시 처리가 실제로 구현된 사례이기도 합니다. 평소에는 SL을 지불하면 티켓이 나오는 것을 당연하게 생각하셨을 수 있지만, 이 과정을 좀 더 깊이 들여다보면 두 개의 독립된 스마트 컨트랙트가 동시에 실행되는 구조임을 알 수 있습니다.

먼저 SL은 단순한 화폐가 아니라 스마트 컨트랙트에 의해 작동하는 디지털 자산입니다. 사슬 메인넷에서는 SL의 생성과 보상 구조 자체를 스마트 컨트랙트로 구현했기 때문에, SL은 코드에 의해 정해진 규칙대로 움직입니다.

마찬가지로 NFT 발행 티켓 또한 스마트 컨트랙트로 만들어진 디지털 자산입니다. 다시 말해 이 시스템에서는 **서로 다른 두 스마트 컨트랙트(SL과 NFT 티켓)가 제3자의 개입 없이 하나의 동작 흐름 안에서 동시에 처리**되는 것입니다.

NFT 발행 과정

가디 앱에서 NFT 티켓을 구매하면, 해당 트랜잭션은 일정 시간 동안 컨트랙트 상태를 유지합니다. 100SL이 지불되고 컨트랙트 처리가 완료되면, 사용자 화면에 'NFT 티켓 수령하기' 버튼이 활성화됩니다. 사용자가 이 버튼을 눌러야 모든 처리가 최종적으로 마무리됩니다.

만약 사용자가 버튼을 누르지 않는다면, 일정 시간이 지난 후 100SL은 자동으로 반환됩니다.

이처럼 스마트 컨트랙트를 지원하는 블록체인이라면 누구든 이 구조를 구현할 수 있으며, 사슬은 이 시스템을 실제로 구현하고 운영함으로써 동시 처리의 가능성과 실용성을 이미 입증한 셈입니다.

## 6.5 사회적 랜덤의 구현

블록체인에서는 노드 간의 합의, 확정된 데이터, 그리고 모든 노드가 동일한 블록을 보관하는 것이 핵심 요소입니다. 그렇다면 과연 이처럼 철저히 정해진 시스템 안에서 '임의의 결과값Random'을 구현할 수 있을까요?

일반적으로 블록체인에서 랜덤을 구현하는 것은 매우 어렵다고 알려져 있습니다. 그 이유는 블록체인이 **결정론적**Deterministic 시스템이기 때문입니다. 블록체인에서는 모든 노드가 동일한 입력값을 바탕으로 동일한 출력값을 계산해야 하며, 이 일관성이 깨지면 합의가 무너지고 블록의 정합성도 판단할 수 없게 됩니다. 이 때문에 일반적인 프로그래밍 언어에서 사용하는 Math.random()과 같은 함수는 사용할 수 없습니다. 노드마다 서로 다른 랜덤값이 출력될 경우 블록의 해시가 달라지고, 이는 블록체인의 안정성과 신뢰성에 큰 문제가 됩니다.

이런 제약으로 인해 블록체인에서는 랜덤값을 생성할 때 중앙 서버 시스템과는 전혀 다른 방식을 사용합니다. 보통은 외부 정보를 가져오거나, 이미 정해진 블록 정보(예: 블록 해시, 블록 길이 등)를 함수의 입력값으로 활용하거나, 참여자들의 데이터를 조합하는 방식이 사용됩니다. 그러나 이러한 방식들도 각각 문제를 안고 있습니다. 외부 정보를 사용하는 경우에는 제3자에 대한 신뢰가 필요하고, 블록 정보나 참여자 데이터를 이용하는 경우에도 어느 정도 예측 가능성이 생깁니다. 물론 오라클Oracle 시스템처럼 다중 서명이나 분산 검증 구조로 이를 보완할 수는 있지만, 이는 블록체인의 '무신뢰' 철학과는 거리가 있습니다.

사슬에서는 이 문제를 해결하기 위해, **블록 해시를 기반으로 한 랜덤 생성 방식**을 채택했습니다. 특히 아직 확정되지 않은 상태의 가설 블록들이 존재하는 HAP-2 합의 구조를 활용합니다. 랜덤값을 출력하는 함수의 파라미터Parameter로 해당 시점에 결정되는 블록 해시를 사용하는 방식입니다.

기존의 블록체인에서는 PoW나 PoS 합의 구조를 사용하며, 블록 생성자가 자신의 블록을 네트워크에 전파한 후 정합성을 검증받고 블록이 확정됩니다. 이 과정에서는 블록 해시가 전파 도중에도 네트워크에 노출되기 때문에, 랜덤값을 사전에 예측하거나 조작할 여지가 생깁니다. 하지만 사슬의 HAP-2에서는 이와 구조가 다릅니다.

HAP-2에서는 모든 검증자가 동시에 가설 블록을 생성합니다. 이 블록들은 즉시 확정되는 것이 아니라, 서로 비교 및 평가 과정을 거친 후 최상위 가설로 채택된 하나의 블록만이 확정됩니다. 이 과정이 완료되기 전까지는 어떤 블록이 확정될지 알 수 없고, 따라서 블록 해시 역시 사전에 확정되지 않습니다. 이 구조 덕분에 블록 해시를 기반으로 생성된 랜덤값은 사전에 예측하거나 조작하는 것이 사실상 불가능합니다.

이와 같은 방식은 게임에서 아이템을 무작위로 뽑는 시스템, NFT의 속성 부여, 무작위 검증인 선정 등 다양한 분야에 적용할 수 있습니다. 특히 높은 신뢰성과 공정성이 요구되는 환경에서 안전하게 사용할 수 있는 무작위값을 제공할 수 있다는 점에서, 사슬의 구조는 블록체인 랜덤 구현 방식에 매우 유의미한 해답을 제시합니다.

# 7장

# 사슬의 가치

사슬은 특정 산업 분야를 여는 데 있어 핵심적인 원천기술입니다. 단지 블록체인이라는 이유만으로 '코인 기술'로 평가절하되어서는 안 되며, 대중이 블록체인과 코인을 혼동한다고 해서 그 가치를 폄하할 수는 없습니다. 사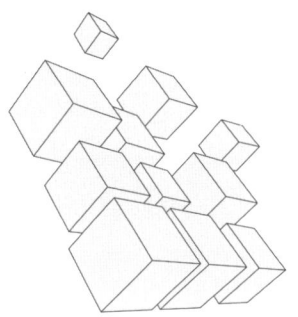슬의 완성과 공개는 단순한 기술 발표를 넘어, 현대 사회에 사회적, 경제적, 문화적, 기술적 의미를 함께 담고 있습니다.

또한 사슬은 우리 시대에 중요한 질문을 던지며, 블록체인뿐 아니라 향후 모든 기술 개발이 고민해야 할 본질적 과제와 방향성을 제시합니다.

## 7.1 사회적 의의

사슬은 기존 블록체인들이 부분적으로만 달성했던 탈중앙화의 이상을, HAP-2와 PoW 기반 이중 체인 구조를 통해 완전히 실현한 최초의 사례입니다. 그동안 블록체인 업계에서는 이른바 '블록체인 트릴레마'가 해결 불가능에 가깝다고 여겨졌습니다. 많은 전문가들은 이를 이유로 블록체인의 불완전성을 지적했고, 그 결과 블록체인과는 무관한 기술들이 마치 블록체인인 것처럼 포장되어 시장에 등장하는 왜곡이 발생했습니다.

대표적인 사례로는 IPFS<sub>InterPlanetary File System</sub>를 활용한 NFT<sub>Non-Fungible Token</sub>, Layer 2 솔루션, 탈중앙 금융<sub>DeFi</sub> 등이 있습니다. 이들은 진정한 블록체인의 핵심 철학을 구현하지 못한 채, 기존 중앙화된 시스템의 산업 논리를 블록체인 위에 억지로 덧씌운 형태로 작동하며, 시장에 혼란을 초래했습니다. 결과적으로 진짜 기술과 가짜 기술의 경계가 모호해졌고, 사용자들은 본질이 결여된 시스템을 블록체인이라 오해하며 참여하게 되었으며, 이는 업계 전반의 **기술적 퇴보**를 불러일으켰습니다.

블록체인은 원래 중앙집중 시스템에 대한 반기로 등장한 기술입니다. 그런데 역설적으로, 비트코인이나 이더리움과 같은 기존 블록체인은 중앙 시스템의 문제를 지적했을 뿐, 실질적인 해결은 구현하지 못했습니다. 예를 들어 비트코인은 60분 이상의 긴 결제

확정 시간으로 인해 실생활에서는 사용이 어려웠고, 이더리움은 스마트 컨트랙트를 도입했지만 복잡하고 느린 구조로 인해 여전히 범용적 대안이 되기에는 부족했습니다. 사용자들이 체감할 수 있는 블록체인의 응용 사례는 암호화폐 거래에 국한되었고, 이는 기술적 한계 이상의 사회적 영향력을 발휘하지 못하게 했습니다.

사슬은 이러한 맥락에서 근본적으로 다른 방향을 제시합니다. HAP-2와 PoW를 결합한 이중 체인 구조를 통해 완전한 탈중앙화를 구현했을 뿐 아니라, 실생활에서 적용 가능한 수준의 빠른 처리 속도와 유연성을 갖추고 있습니다. 중앙 시스템에 비해 속도가 다소 느릴 수는 있지만, 특정 분야에서는 보다 안전하고 투명한 대안으로 기능할 수 있으며, 중앙 시스템의 편리함에 익숙해진 사회에 데이터 관리에 대한 경각심을 불러일으키는 역할을 합니다.

현대 사회에서는 대부분의 온라인 서비스가 사용자에게 이용 약관 동의를 요구하며, 그 안에 개인정보 활용에 대한 내용을 포함시킵니다. 사용자는 서비스를 이용하기 위해 어쩔 수 없이 이에 동의하지만, 실제로는 자신의 데이터가 어떻게 사용되고 있는지 거의 알지 못합니다. 약관에 대한 형식적 동의는 기업의 책임을 완전히 면제해 주지 않으며, 기업은 사용자의 데이터를 제한된 범위 내에서 엄격하게 관리해야 할 의무가 있습니다. 그러나 현실에서는 여전히 수많은 기업이 데이터 보안에 소홀하고, 대규모 해킹 사태나 정보 유출이 반복적으로 발생하고 있습니다.

비트코인의 등장은 이러한 문제에 대한 문제 제기로서 분명한 의미를 가졌지만, 그것만으로는 실질적인 개선이 이루어지지 않았습니다. 사슬은 이러한 상황을 바꾸기 위한 기술적 대안을 제시합니다. 완전한 탈중앙성과 빠른 블록 확정이 동시에 가능하다는 점에서, 기존 시스템에 대한 실질적인 대안을 제공하며, 개인정보와 데이터를 어떻게 보호해야 하는지에 대한 사회적 인식 전환을 유도합니다.

또한 오늘날 사람들의 데이터 보안에 대한 인식 수준은 기술 발전 속도를 따라가지 못하고 있습니다. 많은 이들이 단순히 아이디와 비밀번호를 기억하는 것으로 보안을 다했다고 여기며, 반복적인 비밀번호 재설정이나 단순한 패턴의 사용 등 편의성 중심의 행동을 일삼습니다. 하지만 디지털 세계에서 아이디와 비밀번호는 현실 세계의 신분증에 해당하는 중요한 정보이며, 철저한 관리가 필수입니다. 사슬은 이러한 인식을 환기시킬 수 있는 기술적 기반을 제공합니다.

결론적으로 사슬은 단순한 블록체인 기술을 넘어 사회 전반의 데이터 주권, 시스템 신뢰성, 정보 윤리에 대한 인식을 재정립할 수 있는 개발물입니다. 이는 블록체인의 본질인 탈중앙성과 신뢰 기반의 시스템을 구현하면서도, 기존 시스템의 한계와 문제를 정면으로 돌파하려는 시도이며, 기술이 사회에 미치는 영향에 대한 철학적 제안이기도 합니다.

## 7.2 경제적 의의

사슬은 블록체인의 구조적 한계를 기술적으로 극복함으로써, 새로운 경제 질서를 가능케 하는 인프라로서의 의미를 지닙니다. 기존의 블록체인 기술은 비트코인과 이더리움으로 대표되는 암호화폐 중심의 자산 실험에 머물러 있었으며, 현실 세계의 산업이나 경제 구조와 본격적으로 융합되기 어려운 여러 제약을 가지고 있었습니다. 트랜잭션 처리 속도, 수수료, 확장성, 신뢰성 모두에서 현실 경제를 지탱하기에는 부족한 수준이었던 것입니다.

이러한 한계는 블록체인 기술이 새로운 시장을 창출하거나 기존 시장을 혁신하는 데 있어 정책적·제도적 신뢰 확보를 가로막는 장애물로 작용했습니다. 특히 기업 입장에서는 블록체인 기술을 도입하는 데 따른 비용 대비 효용이 불확실했으며, 이는 대규모 투자로 이어지지 못하게 했습니다. 즉, 기존 블록체인은 경제적 신뢰를 형성하기 위한 최소한의 조건조차 충족시키지 못했던 것입니다.

그러나 사슬은 다릅니다. 특히 사슬은 블록체인이 암호화폐나 디지털 자산을 넘어서 실물 산업 전반에 적용될 수 있는 확장성을 보여줍니다. 예를 들어 공급망 관리 Supply Chain Management 에 블록체인을 적용하면 각 단계에서의 흐름을 투명하게 기록하고, 위·변조를 방지할 수 있습니다. 제품의 원산지 증명, 유통 경로 추적, 진품 인증 등 다양한 분야에서 활용될 수 있으며, 이는 국제무역, 유통,

제조, 의료, 농업 등 실물 경제 전반에 걸친 신뢰 기반 시스템 구축으로 이어집니다. 이러한 기술의 도입은 단순한 효율 향상을 넘어, 경제 구조 자체의 정직성과 지속 가능성을 확보하는 데 핵심적인 역할을 합니다.

또한 사슬은 가짜 시장의 생성과 확장을 억제하는 기능을 합니다. 기존 암호화폐 시장에서는 블록체인이라는 이름만으로 자금 조달이 이루어졌으며, 실질적 기술과 무관한 프로젝트들이 난립하여 거품과 투기를 일으켰습니다. 한때 자산의 유동화라는 키워드를 중심으로 실물자산을 주식처럼 사고팔 수 있도록 만드는 시스템이 유행했습니다. 그러나 이러한 시스템은 국가에 의해 보호받지 못했으며, 운영 주체가 노드를 운영하지 않으면 모든 데이터가 유실되는, 중앙 시스템에 의한 구현이 대부분이었습니다. 이로 인해 많은 피해가 발생하였고, 책임자들을 처벌하기도 하였지만 피해는 고스란히 피해자들의 몫이 되었습니다.

그러나 사슬은 자산의 구조적 의미를 전환시킬 수 있는 잠재력도 지닙니다. 블록체인은 자산을 분할, 추적, 검증, 이전할 수 있는 도구로서 이미 일정 수준의 활용 가능성이 입증되었지만, 사슬은 이러한 기능을 완전히 탈중앙화된 상태에서도 실현 가능하게 합니다. 예를 들어 사슬 위에서 토지, 예술품, 지식재산권과 같은 자산을 기술적 신뢰하에 증명하고 관리할 수 있으며, 중개자 없이도

글로벌한 거래를 가능하게 합니다. 이로 인해 기존 자산시장 구조를 변화시키고, 새로운 자산 기반 경제의 장을 열 수 있는 기반이 마련됩니다.

결론적으로 사슬은 단순한 기술적 진보를 넘어, 신뢰 기반의 새로운 경제 모델을 가능케 하는 인프라로서 기능합니다. 실물 산업 적용성, 합의의 정당성, 자산 구조의 변환, 경제적 투명성 확보 등은 모두 사슬이 제공하는 구조적 요소이며, 이는 향후 다양한 산업에 걸쳐 적용될 수 있는 범용 경제 시스템의 시발점이 됩니다. 블록체인이 단순히 기존 경제의 부속물이 아니라, 새로운 경제 질서의 핵심 요소가 될 수 있음을 사슬이 증명하는 것입니다.

## 7.3 문화적 의의

시대를 움직이는 기술은 사람들의 행동양식에 변화를 불러일으킵니다. 인터넷이 보급화된 게 불과 30년도 안 됐다는 것을 고려하면, 이 짧은 시기에 사람들의 행동에는 엄청난 변화가 있었습니다. 인터넷 이전에는 은행에 직접 찾아가야 했던 업무를 집에서 핸드폰으로 전부 처리할 수 있습니다. 직접 식당에 가서 먹어야 했던 음식들을 편하게 주문해 배달시킬 수 있습니다. 편지를 주고받던 것이 간단한 메신저로 대체되기도 했습니다. 이처럼 패러다임을 바꾸는 기술은 사람들이 향유하는 문화 전체에 큰 영향을 미칩니다.

사슬이 구현한 완전한 탈중앙화는 단순한 기술적 성취에 그치지 않고, 인간의 사고방식과 가치관에까지 영향을 미치는 문화적 전환점을 상징합니다. 중앙에 권한이 집중되고 정보가 폐쇄적으로 관리되던 기존의 구조에서, 정보와 권한이 분산되는 구조는 새로운 문화적 규범을 형성합니다. 이는 신뢰를 특정 주체에 의존하는 구조에서 벗어나, 기술 자체를 통해 신뢰를 보장받는 문화를 가능하게 합니다.

블록체인은 누구나 내용을 열람할 수 있으며, 위변조가 사실상 불가능한 특성을 가집니다. 이같은 특성은 사회 전반에서 '투명성'이라는 가치를 강화하며, 정보에 대한 접근과 검증, 참여를 누구나 수행할 수 있는 기반을 제공합니다. 사슬과 같은 구조는 중앙의 지시 없이도 수많은 참여자가 자율적으로 질서를 만들어 가는 새로운 협업 문화를 확산시킵니다.

또한 사슬은 디지털 정체성에 대한 인식을 변화시킵니다. 현재 우리는 SNS 계정이나 이메일, 포털 서비스에 의존해 온라인 정체성을 형성하고 있으며, 이는 대부분 특정 플랫폼에 귀속된 형태입니다. 그러나 이러한 플랫폼 중심 구조는 언제든 계정의 폐쇄, 삭제 등으로 이어질 수 있으며, 이용자는 자신이 직접 생산한 디지털 자산에 대한 권리를 온전히 행사하지 못합니다. 사슬은 사용자가 자신의 데이터와 정체성을 직접 소유하고 관리하는 구조를 제공함으로써, 개인이 디지털 공간에서 자율성과 주체성을 회복할 수 있도록 합니다.

이러한 변화는 단순히 기술의 변화에 그치지 않고, 사람들의 문화적 인식 자체를 전환시킵니다. 더 이상 특정 플랫폼에 모든 것을 맡기는 것이 아닌, 사용자가 자신의 디지털 결과물에 대한 책임과 권리를 갖는 것을 당연하게 여기는 문화가 자리 잡게 됩니다. 예를 들어 블록체인 기반으로 생성된 디지털 자산에는 원작자의 이름이 명확히 남습니다. NFT의 발행자 정보가 항상 기록되듯, 앞으로의 디지털 사회에서는 모든 창작물에 원작자를 명시하고, 원작자를 존중하며, 그 권리를 보호하는 문화가 보다 활성화될 것입니다.

사슬의 공개는 이러한 문화의 변화를 기술적으로 뒷받침합니다. 누구나 구조를 검토하고, 활용하고, 확장할 수 있는 환경은 폐쇄적인 개발 문화에서 벗어나 개방성과 자율성을 중심으로 한 생태계를 만들 수 있습니다. 이러한 문화는 디지털 시대를 살아가는 모든 사람에게 기술과 권한, 책임이 고르게 분산되는 환경을 제시하며, 기술을 단순히 소비하는 것이 아니라 직접 이해하고 사용하는 방향으로의 문화적 전환을 촉진합니다.

## 7.4 기술적 의의

사슬은 블록체인 기술의 구조적 한계를 극복하고, 이를 일상생활에 적용 가능한 수준으로 끌어올린 원천 기술입니다. 단지 암호화폐를 전송하는 수단을 넘어, 블록체인이라는 기술 그 자체의 구조를 재정의합니다.

기존 블록체인들은 입력은 다수(여러 사용자)에게서 받고, 결과는 하나의 블록에 담아 네트워크 전체로 전파하는 구조를 가집니다. 이 구조는 전체 노드가 동기화된다는 점에서 처리 속도와 유연성에 본질적인 제약을 가지고 있습니다.

하지만 사슬은 HAP-2 합의 구조와 PoW 기반 이중 체인 구조를 통해, 기존 블록체인에서 병목을 일으키던 구조적 문제를 분리하고 효율화했습니다. 특히,

- **합의와 블록 생성을 완전히 분리**하여 시간상 병렬성을 확보하고,
- 생성, 검증, 동기화 등의 각 단계를 분산된 참여자들이 맡음으로써,
- 특정 노드나 기관이 블록을 독점하거나 결정권을 가지는 구조를 철저히 배제합니다.

이러한 구조는 단지 이론적인 분산이 아니라, 현실에서 작동하는 탈중앙 구조를 구현하는 데 핵심적인 역할을 합니다. 누구나 참여할 수 있고, 누구의 참여도 배제되지 않으며, 특정 조건을 충족하는 모든 노드가 네트워크에 기여할 수 있도록 설계되었습니다.

사슬의 또 다른 핵심적인 기술적 강점은 스마트 컨트랙트의 접근성과 범용성에 있습니다. 지금까지 블록체인 생태계에서 스마트 컨트랙트는 대부분 이더리움의 ERC 표준을 따랐으며, 솔리디티 Solidity라는 특수한 언어를 사용해야 했습니다. 하지만 이 언어는 학습 장벽이 높고, 기존의 웹/앱 개발자들과 단절된 기술 환경을 요구했기 때문에 접근성이 매우 제한적이었습니다.

그러나 사슬은 자바스크립트 JavaScript 기반의 스마트 컨트랙트를 지원합니다. 이는 세계에서 가장 널리 쓰이는 프로그래밍 언어 중 하나로, 기존의 웹 개발자나 프론트엔드 개발자들도 별도의 학습 곡선 없이 블록체인 개발에 진입할 수 있게 됩니다. 그 결과 더 많은 개발자들이 사슬 위에서 서비스를 만들고 배포할 수 있는 환경이 조성됩니다.

이는 단순한 개발 편의성의 향상을 넘어, 생태계 전체의 확장성과 자율성을 크게 높이는 요소입니다. 즉, 사슬은 기술적 접근 장벽을 낮춤으로써 개발자 중심의 건강한 생태계를 조성하고, 실제로 작동하는 서비스를 더욱 손쉽게 구현할 수 있도록 합니다.

또한 지금까지의 블록체인은 실제 생활에서 활용된 사례가 극히 제한적이었습니다. 암호화폐의 송수신, NFT의 발행, 간단한 토큰 기반 거래 정도가 전부였습니다. 이더리움이 스마트 컨트랙트 표준인 ERC를 제시했지만, 높은 수수료Gas fee, 느린 처리 속도, 복잡한 개발 환경 등으로 인해 실제 사용 가능한 플랫폼이나 표준으로 자리잡지 못했습니다.

사슬은 이런 한계를 넘어, 블록체인 기반에서 일상 속 서비스들이 제작될 수 있도록 설계된 기술입니다. 예를 들어 사슬 위에서 결제 시스템, 인증 플랫폼, 디지털 문서 검증, 커뮤니티 플랫폼 등 다양한 실사용 애플리케이션이 만들어지고 실제 사용자가 활용한다면, 그것은 기술의 구현을 넘어 블록체인 생태계의 생활화를 의미합니다.

이 점은 과거 인터넷의 발전 과정과도 유사합니다. 인터넷 기술이 처음 나왔을 때, 전자우편이나 텍스트 전송 수준에서 머물렀던 시절이 있었습니다. 하지만 이후 'WWW World Wide Web'이라는 표준 프로토콜이 등장하면서, 웹 페이지를 중심으로 정보가 연결되고 서비스가 만들어지며 일상에 스며들기 시작했습니다. WWW는 기술적 명령어가 아니라, 사람들이 인터넷을 실제로 쓸 수 있게 만든 환경과 표준이었습니다. 그로 인해 기업, 정부, 개인 누구나 동일한 구조 위에서 정보를 생산하고 공유하게 되었고, 인터넷은 오늘날의 정보 사회로 진화할 수 있었습니다.

사슬 역시 블록체인이라는 기술에 있어 '표준화의 기점'이 될 수 있는 가능성을 가지고 있습니다. 지금까지의 블록체인은 어떤 서비스나 산업에 '적용될 수는 있었지만', '작동할 수 있는 기술'은 아니었습니다. 하지만 사슬은 단지 기술만 제공하는 것이 아니라, 그것을 활용한 실제 서비스의 제작과 사용을 가능하게 함으로써, 블록체인의 실질적인 표준 기술로 성장할 수 있는 잠재력을 가지고 있습니다.

또한 사슬은 블록체인의 범위를 자산 거래를 넘어 훨씬 더 넓은 영역으로 확장합니다. 예를 들어,

- 물류 산업에서의 서플라이 체인 관리
- 명품 시장에서의 진품 인증 및 추적
- 농산물의 원산지 증명 및 유통 이력 관리
- 교육과 연구 분야의 디지털 인증서 발급
- 공공 행정에서의 문서 위변조 방지

등 다양한 산업 분야에서 신뢰성과 투명성을 보장하는 기술로 응용될 수 있습니다.

이러한 응용들은 기술적 고도화뿐 아니라, 새로운 산업 표준과 생태계를 만들어 냄으로써 경제적, 사회적 파급력을 함께 갖는 기술적 기반이 됩니다.

3부

# 블록체인에 대한
# 오해와 질문들

사슬뿐만 아니라 블록체인이라는 기술은 아직 걸음마 단계입니다. 등장한 지 15년이 더 된 기술이지만 아직까지 제대로 된 애플리케이션 하나 없는 것이 현실입니다. 사람들이 블록체인에 대해 오해하고, 암호화폐만 생각하는 이유도 바로 이 때문입니다. 그동안 수많은 dApp(Decentralized Application)들이 개발되었다는 보도가 있었지만, 실제로는 정상적으로 작동하지 않았으며, 무엇을 위한 dApp인지 확실하지 않은 것들이 더 많았습니다. 애플리케이션에서 어떤 활동을 하면 토큰을 얻을 수 있다, 핸드폰으로 특정 토큰을 채굴할 수 있다, 물건의 보증서를 NFT 형태로 지급한다 등이 대표적인 예시입니다. 그러나 블록체인 용어가 포함됐다고 해서 모두 dApp이라고는 볼 수 없습니다.

그 밖에도 암호화폐에 관심을 갖고 투자를 진행하는 사람들조차 암호화폐가 무엇인지, 어떻게 관리를 해야 하는지를 알지 못하는 경우가 훨씬 많습니다. 또한 블록체인 관련 산업, 기관, 애플리케이션이 해킹당했다는 뉴스도 자주 접하게 됩니다.

이 모든 상황이 맞물려 블록체인은 많은 오해를 낳았습니다. 그래서 사람들이 가장 자주 혼동하는 내용과 자주 질문하는 내용들을 모아 간략하게 설명합니다.

# 8장

# 지갑

## 8.1 지갑이란?

블록체인에서 사람들은 블록체인 네트워크를 이용해 P2P로 암호화폐를 주고받을 수 있습니다. 그렇기 때문에 개인들 각각은 암호화폐 거래를 위한 일종의 계좌번호가 필요합니다. 은행에서는 계좌번호라고 부르고 블록체인에서는 **지갑 주소**Wallet Address라고 부릅니다. 그런데 사람들이 지갑을 헷갈려 하는 이유는 지갑 주소와 지갑이라는 단어를 혼동해서 사용하기 때문입니다.

우리가 흔히 말하는 **지갑은 지갑 주소를 직접 관리할 수 있는 애플리케이션**을 의미합니다. 즉, 지갑 애플리케이션을 활용해 여러 개의 지갑 주소를 쉽고 편하게 관리할 수 있는 프로그램인 것입니다. 우리가 알고 있는 메타마스크MetaMask, 가디Guardee 등은 지갑 애플리케이션입니다. 지갑 애플리케이션에서는 블록체인에서 개인이 할 수 있는 행동들을 쉽고 편하게 지원합니다. 본래라면 어두운 바탕 화면에 알 수 없는 글자들로 가득한, 개발자들이 주로 볼 것 같은 컴퓨터 화면에서 우리는 암호화폐의 전송, 보관, 관리 등을 해야 합니다. 그러나 이 행위가 너무 어렵고 친숙하지 않기 때문에 일반인들이 사용하기 쉽게 프로그램 형태로 만들어 놓은 것이 지갑 애플리케이션입니다.

'우선, 지갑을 다운받아 보세요'
'돈을 어떤 지갑에 받았는데?'

위의 두 표현은 블록체인 산업에 종사하며 가장 많이 듣고, 하는 말 중의 하나입니다.

이 두 문장은 너무 자주 들어볼 수 있는 예시입니다. 첫 번째 문장은 지갑 애플리케이션을 의미합니다. 두 번째 문장은 지갑 주소(계좌번호)를 의미합니다. 그러나 현실에서는 두 단어를 구분 없이 이용하기 때문에 블록체인을 처음 접하는 사람들은 헷갈릴 수밖에 없습니다.

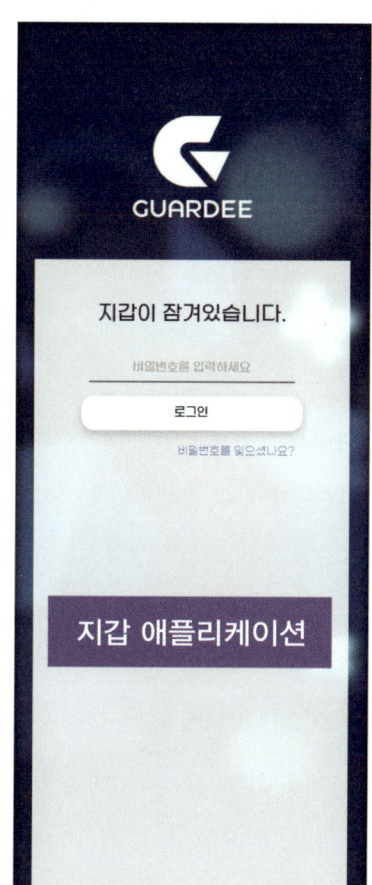 

지갑 주소와 지갑 애플리케이션의 차이

## 8.2 A지갑에서 B지갑으로 전송이 가능한가요?

지갑 관련 또 다른 질문은 지갑 사이에 암호화폐 전송이 가능한지 여부를 물어보는 것입니다.

> '제가 A지갑 애플리케이션을 이용하고 있는데,
> B지갑 애플리케이션으로 전송이 되나요?'

위와 같은 형태의 질문들 역시 굉장히 자주 볼 수 있는 유형입니다. 이 질문은 블록체인의 가장 기초부터 이해가 잘못된 질문이라고 할 수 있습니다.

블록체인에서 말하는 **암호화폐는 '지갑'에 보관되는 것이 아닙니다.** 비트코인이든 이더리움이든 블록체인은 자체적인 네트워크를 구성하고 있습니다. 비트코인에서는 비트와 관련된 블록의 내용들을 기록하고, 이더리움에서는 당연히 이더와 관련된 블록의 내용들을 기록합니다. 우리는 이 기록을 통해 우리가 보유하고 있는 암호화폐를 '확인'하는 것입니다. 그리고 서로 다른 네트워크에서는 자신이 보관하고 있는 블록 외의 데이터는 확인이 불가능합니다. 비트코인 네트워크에서는 이더의 보유 현황을 확인할 수 없는 것은 당연하듯이 말입니다.

그렇다면 블록체인에서 암호화폐는 어디에 보관되어 있는 것일까요? 정답은 '보관'이 아닌, '확인'입니다. 일종의 영수증 개념으로 이해하시면 됩니다. 최초에 어떤 노드가 비트코인 채굴에 성공했을 때, 네트워크에서는 **'그 노드에 해당하는 지갑 주소에 1비트가 있다'** 라고 **기록합니다.** (엄밀히 말하면 '노드 월렛'이라는 개념도 있지만 이해의 편의를 위해 배제했습니다.) 그 노드가 무언가 암호화폐 같은 것을 실제로 보유하고 있는 개념이 아닌 것입니다. 이후 블록이 쌓임에 따라 기록이 누적되고, 이 기록들을 바탕으로 해당 지갑 주소에 암호화폐가 있다고 네트워크 구성원들이 **인정**하는 것입니다.

따라서 A지갑 애플리케이션에서 B지갑 애플리케이션으로 암호화폐의 전송이 가능하냐는 질문은 성립이 안 됩니다. 애초에 A지갑 애플리케이션에서 암호화폐를 보관한 적이 없기 때문입니다. 그렇다면 지갑 애플리케이션에서는 암호화폐를 어떻게 표시해주는 것일까요?

**지갑 애플리케이션에서는 블록체인 네트워크에 기록된 블록 데이터를 조회**합니다. 일반적으로 'XX 네트워크를 지원하는 지갑'이라는 표현이 바로 그것입니다. 지원한다는 의미가 해당 네트워크를 조회하고 있다는 뜻입니다. '사슬을 지원하는 지갑' 이라고 표현했다면, 사슬 네트워크의 데이터를 조회하고 있다는 것입니다. 그러므로 A지갑 애플리케이션과 B지갑 애플리케이션이 모두 사슬 네트워크를 조회하고 있다면, 당연히 A지갑 애플리케이션과 B지갑 애플리케이션 모두에서 같은 데이터를 표시해야 합니다. 이후에 더 설명하겠지만, 같은 네트워크를 조회하고 있는 지갑 애플리케이션이라면 당연히 같은 네트워크에서 사용하는 시드 구문Seed Phrase, 개인키Private Key, 키파일Key File 등이 똑같이 작동해야 합니다.

이와 별개로, X라는 지갑 주소를 이용하다가 Y라는 지갑 주소로 암호화폐를 송금하는 것은 가능합니다. 둘 다 모두 같은 블록체인에서 통용되는 지갑 주소라는 전제하에, X 지갑 주소에서 Y 지갑 주소로 암호화폐를 송금하는 것은 기록된 내용에 변화를 일으키는 트랜잭션이기 때문입니다. 다만 지갑 애플리케이션은 암호화폐를 보관하는 것이 아니라, 조회하는 것뿐이라는 것을 잘 기억해두시기 바랍니다.

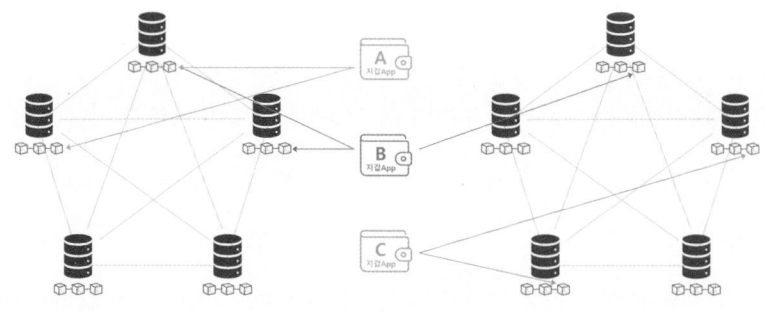

블록 데이터를 조회하는 지갑 애플리케이션

이는 블록체인 네트워크를 하늘로 비유했을 때, 이 하늘을 어떤 창문을 통해 바라보는가의 문제와 같습니다. 하늘에 떠 있는 구름은 어떤 창문에서 바라보든 똑같습니다. 창문은 각각의 지갑 애플리케이션을 의미하며 창문을 통해 바라보는 내용은 하늘에 떠 있는 구름이라는 점에서 동일합니다.

## 8.3 핫 월렛과 콜드 월렛

암호화폐 관리에 어려움을 겪는 분들이 인터넷 검색을 통해 가장 자주 접하는 단어가 바로 '콜드 월렛'입니다. 인터넷에서는 종종 다음과 같은 정의를 접할 수 있습니다.

> "핫 월렛과 콜드 월렛은 암호화폐 보관 방식에 따라 구분되며,
> 핫 월렛은 인터넷에 연결되어 실시간 거래가 가능한 지갑이고,
> 콜드 월렛은 인터넷에 연결되지 않은 오프라인 상태로
> 암호화폐를 보관하는 지갑이다."

하지만 위 설명을 정확히 이해하고 따져보면, 모순이 있다는 점을 쉽게 알 수 있습니다.

바로 "암호화폐를 오프라인으로 보관한다"는 문장 자체가 사실과 맞지 않기 때문입니다.

암호화폐는 물리적인 실체가 있는 자산이 아니라, 블록체인상에 기록된 디지털 데이터입니다. 다시 말해 암호화폐는 블록체인의 거래 내역에 존재하며, 사용자는 그 암호화폐를 직접 '소유'하거나 '보관'하는 것이 아니라, 특정 주소에 연결된 개인키Private Key를 통해 접근 권한을 행사하는 것에 불과합니다. 따라서 암호화폐를 콜드 월렛에 '보관한다'는 표현은 기술적으로 잘못된 문장입니다.

핫 월렛과 콜드 월렛의 정확한 구분 기준은 '암호화폐'가 아닌, '개인키를 어떤 방식으로 저장하고 보호하느냐'에 있습니다.

원칙적으로 블록체인 지갑 서비스는 사용자의 개인정보를 수집하거나 저장하지 않습니다. 대부분의 정상적인 지갑 애플리케이션은 별도의 회원가입 없이, 앱을 설치하면 곧바로 시드 구문과 자체적인 비밀번호 설정만으로 지갑을 생성할 수 있습니다. 이는 사용자의 개인키를 직접 보관하지 않고, 중앙화된 인증 시스템을 두지 않기 때문입니다.

그러나 실제로 지갑 애플리케이션을 개발하는 과정은 매우 까다롭습니다. 지갑 내부의 데이터 조회조차도 블록체인의 노드처럼 동작하도록 설계되어야 하며, 블록체인 네트워크 내의 특정 서버에 의존하지 않아야 합니다. 지갑 애플리케이션은 특정 서버와 통신하는 것이 아니라 불특정한 노드 전체와 통신을 하고 데이터를 조회해야 합니다.

결국 많은 지갑 서비스들이 이런 어려움을 피하고자 중앙화된 서버 구조를 도입하며, 그에 따라 서비스 제공자가 개인키에 접근하거나 탈취할 수 있는 위험성도 함께 존재하게 됩니다. 만약 지갑이 특정 중앙 서버에서 데이터를 조회한다면, 이는 블록체인의 '탈중앙화' 원칙을 훼손하는 것이며, 그 서버가 중단되면 지갑 애플리케이션의 기능도 마비될 수 있습니다.

콜드 월렛Cold Wallet은 이러한 위험을 줄이기 위해 등장한 개념입니다. USB와 같은 오프라인 장치에 지갑 애플리케이션을 설치하고, 장치를 연결할 때만 블록체인과 통신하도록 설계된 지갑입니다. 이로 인해 개인키는 온라인 공격에 노출되지 않으며, 사용자 역시 해당 장치만 잘 보관하면 보안성이 크게 향상됩니다.

그럼에도 불구하고 '암호화폐를 콜드 월렛에 보관한다'는 식의 표현은 여전히 널리 쓰이고 있으며, 기술적 오류를 포함한 대표적인 사례는 다음과 같습니다:

"범죄자의 암호화폐가 USB에 보관되어 있어 수사에 어려움을 겪고 있습니다."

콜드 월렛은 구조적으로 안전한 지갑이지만, 절대 만능은 아닙니다. 사용자가 콜드 월렛을 PC에 연결하는 순간, 악성코드가 심어진 컴퓨터를 통해 개인키가 탈취될 가능성도 존재합니다. 실제로 콜드 월렛 해킹 사례들은 이러한 경로를 통해 발생했습니다.

핫 월렛Hot Wallet은 보통 우리가 일상적으로 사용하는 모바일이나 웹 기반 지갑 애플리케이션을 의미합니다. 정상적으로 개발된 핫 월렛 역시 콜드 월렛과 마찬가지로 사용자 개인키에 접근하지 않으며, 보안적으로 안전할 수 있습니다. 사슬에서 제공하는 공식 지갑 가디Guardee 역시 이러한 구조로 설계되어 있습니다. 다만 중앙화된 서버 구조나 사용자들의 보안 이해 부족으로 인해 위험성이 높아지는 경우가 많습니다.

결론적으로 콜드 월렛은 개인키를 보다 안전하게 저장할 수 있는 수단이며, "암호화폐를 콜드 월렛에 보관한다"는 표현은 잘못된 개념입니다. 사용자들은 콜드 월렛을 통해 암호화폐 자체를 보관하는 것이 아니라, 암호화폐에 접근할 수 있는 권한(개인키)을 보관하는 것임을 이해해야 합니다.

## 8.4 시드 구문, 개인키, 키파일

암호화폐를 이용하기 위해서는 본인의 지갑 주소를 철저하게 관리해야 합니다. 블록체인에서는 개별 이용자들의 정보를 따로 보관하는 서비스가 없기 때문에(가능은 하지만 보안상의 이유로 하지 않습니다) 한 번 분실한 지갑 주소는 절대 되찾을 수 없습니다. 만약 분실한 지갑 주소를 누군가 되찾아 준다면, 특정 서비스에서 되찾아 준다면 이는 오히려 블록체인이 아닌 것이며 보안에 매우 심각한 결함이 발생했다는 것을 의심해야 합니다.

따라서 블록체인과 암호화폐를 사용할 때는 본인의 지갑 주소를 관리하는 것이 매우 중요하며, 관리하는 방법을 아는 것은 필수입니다. 블록체인에서 개인의 지갑 주소를 관리하는 방법은 크게 시드 구문, 개인키, 키파일 세 가지가 있습니다. 셋 모두 지갑 주소 관리에 필요한 개념이므로 꼭 알아두시기 바랍니다.

시드 구문은 '지갑 주소를 불러오기 위한 단어의 조합'을 의미합니다. 지갑 애플리케이션을 처음 설치하여 실행하면 자신의 지갑 애플리케이션에서 사용하는 지갑 주소의 시드 구문을 확인할 수 있습니다. 메타마스크MetaMask와 같은 잘 알려진 지갑 애플리케이션 등을 실행하면 처음 마주하는 화면이 바로 시드 구문입니다. 대부분의 지갑 애플리케이션에서는 시드 구문을 꼭 따로 보관하여 외우도록 지시합니다. 왜냐하면 시드 구문은 향후에 지갑 주소를 분실하거나, 애플리케이션을 이용하는 기기Device가 달라졌을 때, 사용하던 지갑 주소를 불러오기 위한 수단이기 때문입니다.

그래서 시드 구문을 흔히 **니모닉**Mnemonic이라고도 부릅니다. 니모닉은 기억하기 어려운 정보를 쉽게 기억할 수 있도록 도와주는 방법을 의미합니다. 시드 구문은 약 12개에서 24개 사이의 단어들로 이루어져 있으며, 이를 기억하여 사용하던 지갑 주소를 복구할 수 있습니다.

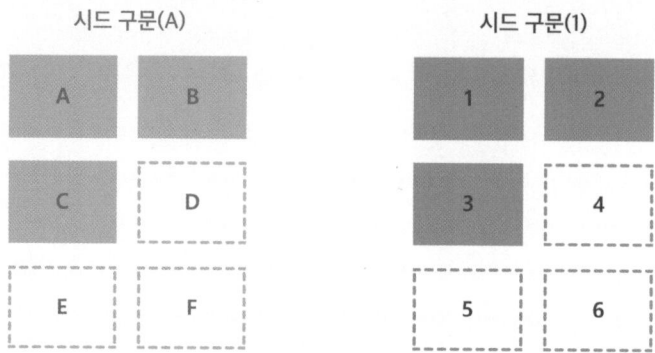

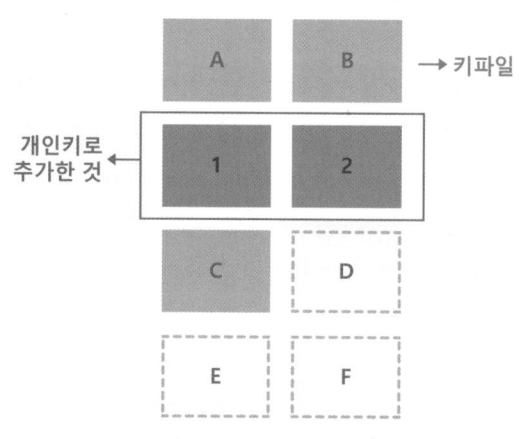

시드 구문, 개인키, 키파일 차이

중요한 점은 **시드 구문으로 복구한 지갑 주소의 체계는 이미 정해져 있다는 것입니다.** 그림과 같이 시드 구문으로 복구한 지갑 체계에서는 계좌를 추가할 때 어떤 주소가 추가될 것인지가 미리 정해져 있습니다. 시드 구문으로 A라는 지갑 주소를 생성했다면, 지갑 주소 추가를 눌렀을 때 생성되는 지갑 주소는 B로 정해져 있습니다. 그 후엔 C, D와 같이 정해진 조합의 지갑 주소가 생성됩니다.

그래서 사용자가 C나 D 지갑 주소에 암호화폐를 보관한 상태에서 시드 구문으로 지갑 주소를 복구했을 때 많은 혼동을 겪기도 합니다. 처음 지갑 주소를 복구했을 때, 지갑 애플리케이션에 따라 A만 생성되어 있는 경우가 있습니다. 그러면 일반인들은 본인의 암호화폐를 분실했다고 생각합니다. 그러나 계좌 추가, 지갑 주소 추가 등의 버튼을 누르면 자연스럽게 B, C, D의 순서로 지갑 주소가 추가됩니다. 따라서 시드 구문으로 생성된 지갑 주소만 사용하는 사람들은 시드 구문만 정확하게 기억해도 지갑 분실의 위험이 없습니다.

**반면 개인키는 하나의 지갑 주소에 해당하는 일종의 비밀번호입니다.** 위의 예시에서 A, B, C, D 등의 지갑 주소는 각각 고유의 비밀번호를 보유하고 있습니다. 이를 우리는 개인키라고 부릅니다. 개인키는 64자리(블록체인에 따라 다를 수 있음)의 문자열로 이루어진 복잡한 단어 조합입니다. 사용자는 개인키를 활용해 특정 지갑 주소만을 따로 불러와 관리가 가능합니다.

예를 들어 두 개의 시드 구문이 있습니다. 첫 번째 시드 구문 체계에서는 A, B, C, D의 순서로 지갑 주소가 추가됩니다. 두 번째 시드 구문 체계에서는 1, 2, 3, 4의 순서로 지갑 주소가 추가됩니다.

사용자는 A, B, C 순서로 되어 있는 시드 구문 체계에 2나 3의 개인키를 이용해 지갑 주소를 추가할 수 있습니다. 그 결과 A, B, 2, 3의 형태의 지갑 주소 체계가 됩니다. 이때, 사용자가 지갑 주소를 추가하면 A, B, 2, 3, C의 지갑 체계가 완성됩니다. 즉, **개인키는 특정한 지갑 주소만을 위한 비밀번호**라고 생각할 수 있습니다.

문제는 A, B, 2, 3, C로 이용하던 사용자가 하나의 시드 구문만을 보관한 뒤 지갑 주소를 복구했을 때 발생합니다. 위에서 설명했던 대로 시드 구문으로 추가되는 지갑의 주소 체계는 이미 정해져 있습니다. 따라서 아무리 기존 기기에서 A, B, 2, 3, C의 형태로 지갑 애플리케이션을 사용하고 있었다 하더라도 복구된 기기에서는 A, B, C, D의 순서로 추가됩니다. 2나 3의 지갑 주소는 해당 시드 구문으로는 복구가 불가능한 것입니다. 그래서 주로 이용하는 지갑 주소에 한해서 개인키 역시 별도로 보관하는 것이 중요합니다.

그렇다면 키파일은 무엇일까요? 키파일은 A, B, 2, 3, C로 사용하던 지갑 체계를 그대로 복사하여 기록하는 비밀번호입니다. 지갑 애플리케이션마다 화면의 구성은 다르겠지만, 키파일을 추출할 수 있도록 서비스를 제공합니다. 키파일을 추출하면 특정 파일이 출력되고, 이 파일을 활용해 다른 곳에서 지갑 주소를 복구할 수 있습니다. 키파일을 통해 복구된 지갑 체계에서는 A, B, 2, 3, C가 그대로 복구됩니다.

블록체인에서 지갑 주소 체계의 관리는 온전히 개인의 몫입니다. 그 누구도 대신해 줄 수 없으며, 향후에 도움을 줄 수도 없습니다. 그러나 관리가 개인의 몫인 만큼 개인의 관리 여하에 따라 완벽한 보안을 제공합니다. 따라서 시드 구문과 개인키, 키파일의 관계를 명확히 이해하고 지갑 주소를 안전하게 보관할 수 있는 소양을 기르는 것은 매우 중요합니다.

## 9장

# 코인과 토큰은 무슨 차이인가요?

블록체인을 처음 접하는 사람들이 가장 자주 혼동하는 개념 중 하나는 '코인Coin'과 '토큰Token'의 차이입니다. 일반 사용자들은 이  둘을 무분별하게 혼용하는 경향이 있으며, 실제로 암호화폐 거래소에서 거래되는 대부분의 자산은 토큰임에도 불구하고, 이를 모두 '코인'이라 부르거나 'XX 코인'이라고 표현하곤 합니다. 하지만 기술적 관점에서 코인과 토큰은 명확하게 구분되며, 그 차이는 생각보다 매우 중요합니다.

## 9.1 메인넷 유무의 차이

코인과 토큰을 구분하는 일반적인 기준은 '메인넷Mainnet'의 존재 여부입니다.

- 코인은 자체 블록체인 네트워크(메인넷)를 보유한 디지털 자산입니다.
  → 예: 비트코인BTC, 이더리움ETH, 사슬SL

- 토큰은 기존 블록체인 네트워크 위에서 스마트 컨트랙트를 통해 발행된 자산입니다.
  → 예: USDT(이더리움 기반), UNI, AAVE 등

이는 실용적인 구분 방식으로 널리 사용되지만, 기술적으로 정확한 표현은 아닙니다.

## 9.2 기술적 정의: 생성 위치의 차이

- 코인Coin은 블록체인의 제네시스 블록 또는 네이티브 코드에 의해 정의되어 전체 네트워크에 기본적으로 통용되는 자산입니다. 코인은 트랜잭션 수수료 지불, 블록 보상, 스테이킹 등 네트워크 운영의 핵심 기능을 담당합니다.
- 토큰Token은 스마트 컨트랙트(예: ERC-20, BEP-20)를 통해 생성된 디지털 자산으로, 특정 컨트랙트 내에서만 동작하며,

컨트랙트간에는 기본적으로 자산의 직접적인 상호 운용이 불가능합니다. (단, 컨트랙트간 호출을 통해 간접적인 제어는 가능합니다.)

## 9.3 쓰임과 경제적 역할

- 코인은 블록체인 네트워크 운영에 필수적인 자산입니다. 트랜잭션 수수료를 지불하거나, 스마트 컨트랙트를 실행하기 위한 비용(예: 이더리움의 가스, gas)으로 사용됩니다. 예를 들어 이더리움 기반의 토큰(USDT 등)을 전송할 때도 이더 ETH가 수수료로 필요합니다.
- 토큰은 특정 목적이나 서비스에 따라 인위적으로 발행된 자산입니다. 사용처가 명확히 정의되어 있지 않으면 가치가 유지되기 어렵습니다. 또한 코인과 달리 발행 순간 모든 토큰을 발행 주체가 보유하게 됩니다. 따라서 토큰에는 '**토크노믹스**Tokenomics'라는 분배 구조 설계가 매우 중요합니다.

## 9.4 생성 난이도와 구조의 차이

- 코인을 만드는 것은 독립적인 블록체인을 새로 개발하는 일로, 매우 높은 기술적 난이도가 요구됩니다.
- 반면 토큰은 기존 블록체인 위에서 스마트 컨트랙트를 통해 쉽게 발행할 수 있습니다. 대표적인 예로 이더리움에서는 단 몇 줄의 솔리디티Solidity 코드만으로도 수많은 토큰을 생성할 수 있습니다. 이러한 간편함은 수많은 ERC-20 토큰이 난립하는 배경이 되기도 했습니다.

## 9.5 분배 구조와 소유권

- 코인은 보통 채굴PoW, 스테이킹PoS 등 합의 알고리즘을 통해 분산적으로 생성 및 분배됩니다. 예를 들어 비트코인은 2100만 개의 발행량이 정해져 있지만, 이 수량을 모두 창시자인 나카모토 사토시가 보유한 것은 아닙니다. 사토시 역시 필요하다면 채굴을 통해 비트코인을 확보해야 했으며, 모든 기록이 블록에 저장됩니다.
- 토큰은 발행 시점에 대부분의 물량이 발행 주체에게 집중되며, 이후 팀, 투자자, 마케팅, 커뮤니티 등에 어떻게 분배할 것인지를 명확히 밝히는 것이 관행입니다. 분배 과정에서 대부분 토큰을 사전 판매Presale 하는 경우가 많으며, 토큰의 가격 유지를 위해 유통량을 제한하기도 합니다. 이를 정리한 것이 토크노믹스입니다.

## 9.6 결론

코인과 토큰의 구분은 단순한 명칭 차이가 아닌, 블록체인 네트워크의 구조와 역할을 구분하는 중요한 기준입니다. 특히 암호화폐에 대한 투자를 고려하거나, 관련 기술을 이해하고자 하는 사람이라면 이 둘의 차이를 명확히 인지하고 있어야 합니다.

코인은 최초부터 코드로 규정하지 않는 이상 락업Lock up이라는 기능을 구현하는 것이 매우 제한적이며 어렵습니다. 그러나 토큰에서는 일반적으로 락업 기능을 사용하고 있으며, 특정 지갑 주소의 토큰들의 유통을 제한합니다. 토큰에서 유통을 제한하는 이유는 가격의 안정성 때문입니다. 초기 투자자들 및 개발 집단의 물량이 대거 시장에 유통될 경우 가격을 뒷받침하지 못하기 때문입니다.

즉, 코인은 완전한 자율성과 사전 협의된 합의 알고리즘에 따라 가치가 생성되고 유지되는 반면, 토큰은 가치를 만들어 둔 상태에서 추후의 기능들을 활용해 가치를 유지하는 방식을 사용합니다.

# 10장

# NFT는 무엇인가요?

## 10.1 NFT란 무엇인가?

NFT<sub>Non-Fungible Token</sub>는 'Non-Fungible Token'의 약자로, 대체 불가능한 토큰을 의미합니다. 이름에서 알 수 있듯이, NFT는 토큰의 일종이며 스마트 컨트랙트를 통해 발행됩니다. 대표적으로 ERC-721, ERC-1155와 같은 이더리움 기반의 표준이 널리 사용되어 왔습니다.

NFT의 핵심 특징은 '대체 불가능성'입니다. 비트코인이나 이더리움과 같은 암호화폐는 개별 단위간에 구별이 없으며, 수량만 같다면 서로 동일한 가치로 간주됩니다. 반면 NFT는 모든 토큰에 고유한 식별자<sub>UUID, Universally Unique Identifier</sub>가 부여되므로, 같은 내용이라 하더라도 서로 다른 토큰으로 인식됩니다. 이처럼 NFT는 블록체인 네트워크 상에서 디지털 자산의 '유일함'을 보장해주는 수단입니다.

NFT에는 발행자, 소유자, 고유 식별자 등 메타데이터가 기록됩니다. 이 메타데이터를 기반으로, 디지털 이미지, 음악, 게임 아이템 등 다양한 디지털 창작물에 대한 소유권을 명확히 증명할 수 있게 되었습니다. 창작자가 본인의 그림을 NFT로 발행하면, 해당 NFT는 창작자의 지갑 주소를 발행자로 기록하고, 구매자의 주소를 현재 소유자로 기록합니다.

## 10.2 기존 NFT의 한계

그러나 이더리움 기반 NFT에는 기술적 한계가 존재합니다. 핵심적인 문제는 NFT가 실제 자산을 블록에 직접 저장하지 않는다는 점입니다. 대부분의 NFT는 이미지나 음악 등의 원본 파일을 외부 서버나 IPFS 같은 분산 저장소에 따로 저장해두고, NFT 안에는 이 자산의 링크URL나 해시값 등 메타데이터만을 포함합니다.

이러한 구조는 블록체인의 가장 큰 장점인 불변성과 신뢰성을 제대로 활용하지 못하게 만듭니다. 예를 들어 '내가구매한.이미지.com'이라는 링크가 담긴 NFT를 구매했다면, 블록체인이 보장하는 것은 오직 그 URL 주소일 뿐, 해당 주소에 어떤 이미지가 들어 있는지는 보장되지 않습니다. 이로 인해 콘텐츠가 사후에 바뀌거나, 외부 저장소가 폐쇄되면 해당 NFT는 실질적으로 무의미해집니다.

IPFS 등의 보조 저장 시스템이 도입되긴 했지만, 이는 블록체인의 자율성과 완결성을 보완하기 위한 '임시방편'일 뿐, 근본적인 해결책이 되지 못했습니다. NFT가 온전히 신뢰받기 위해서는 파일 자체를 블록 안에 직접 저장하는 방식이 필요합니다.

또한 이더리움에서는 비싼 수수료도 NFT의 한계로 지목됩니다. NFT를 발행하기 위해서는 이더리움 네트워크에서 트랜잭션이 필요합니다. 그러나 이더$_{ETH}$의 가치가 상승함에 따라 수수료로 지급해야 하는 이더의 가치도 상승했습니다. 그래서 대중적인 작품이 아닌 이상 NFT로 발행하는 데 소모되는 비용이 훨씬 큰 상황이 연출되기 시작했습니다.

## 10.3 사슬에서 바라보는 NFT

사슬$_{SASEUL}$은 이러한 한계를 극복하기 위해 블록 내부에 파일을 직접 저장하는 구조를 채택했습니다. 블록 사이즈를 확장하고, 이미지나 음원 등의 파일을 Base64로 인코딩하여 블록에 기록함으로써 NFT가 단순히 메타데이터가 아니라 자산 자체를 포함하는 구조로 발전했습니다.

이 방식은 NFT의 기능을 실질적으로 확장시킵니다. 예를 들어 이미지들을 NFT로 저장하여 발행 주소에 맞춰 하나의 피드$_{Feed}$를 구성하면 인스타그램과 유사한 SNS 서비스가 가능합니다. 혹은 계약서, 문서 등을 암호화된 NFT로 저장하면 개인의 금고로도 활용할 수 있습니다. 게임 서버 프로그램이나 클라이언트를 블록체인에 기록하는 것도 하나의 NFT 응용 사례입니다.

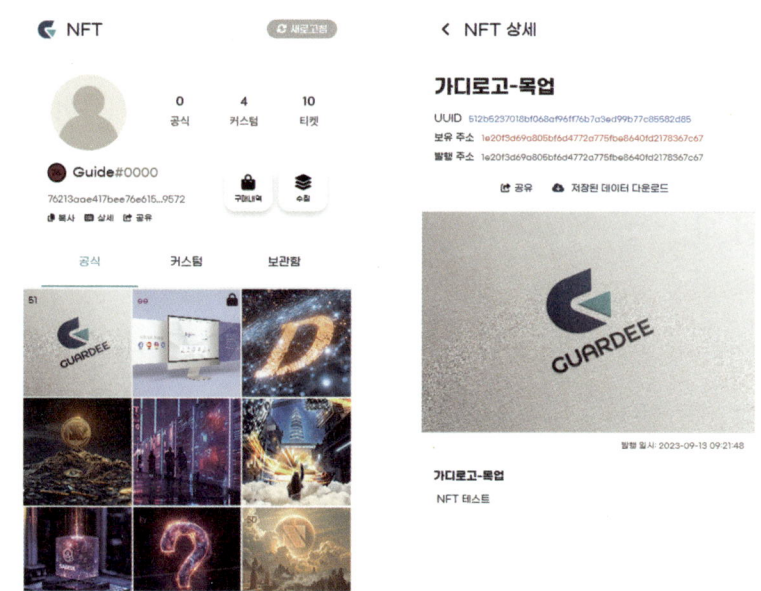

가디 NFT 피드

사슬에서 정의하는 NFT는 단순한 거래 수단이 아닌, **블록체인에 파일을 저장하는 방법**입니다. 블록체인을 다양한 산업에 연결하기 위한 최소한의 기술 단위인 것입니다. 파일 기반 산업에서 발생하는 각종 디지털 자산을 안전하게 블록체인 위에 보관하고, 그 소유권을 분명히 증명할 수 있는 핵심 메커니즘으로 작동합니다.

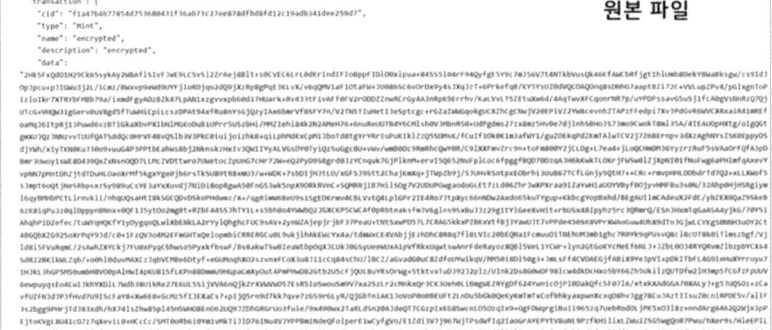

사슬 NFT 예시: 익스플로러 이미지

그러나 NFT에 원본 파일을 저장할 수 있다고 해서 모든 분야에 적용이 가능한 것은 아닙니다. 대표적으로 명품의 보증서 같은 예시를 생각해볼 수 있습니다.

누군가 NFT 형태로 보증서를 발급받은 명품 가방을 샀다고 가정해봅시다. NFT 안에는 해당 가방의 고유 일련번호, 이미지, 제조 공정 등 모든 정보가 담겨 있을 수 있습니다. 그러나 이 NFT만으로 실제 소지한 가방이 진짜인지 입증할 수는 없습니다. 왜냐하면 누군가 가짜 명품을 만들고 동일한 일련번호만 새겨 두면, 겉으로 보기엔 NFT의 정보와 일치하는 '위조품'이 될 수 있기 때문입니다. 이처럼 NFT가 외부 실물 자산과 단절된 채로 존재할 경우, **블록체인상의 증명이 현실 세계의 진위 여부와 연결되지 못하는 결정적인 한계가 발생**합니다.

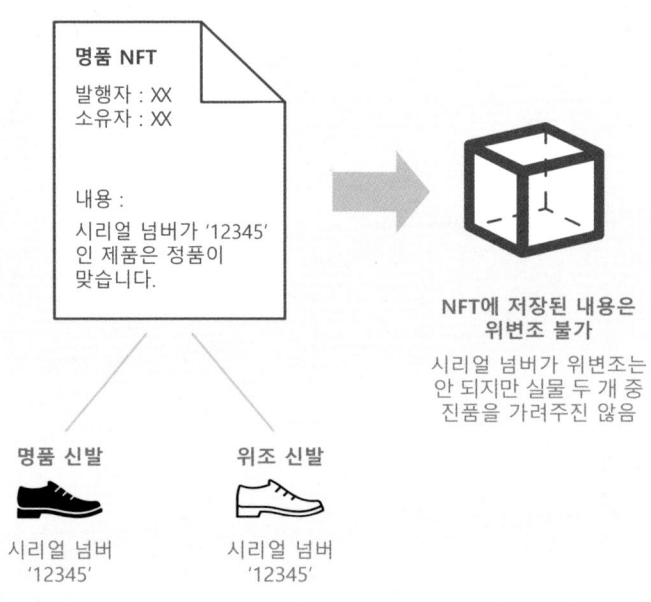

실물과 NFT 연결의 중요성

즉, NFT라는 기술을 마치 실물의 자산과 연동할 수 있다는 생각은 대단한 착각에 불과합니다. 이를 현실적으로 연결하기 위해서는 실물 자산과 디지털 자산을 이어주는 명확한 매개체가 필요합니다. 예를 들어 명품 가방 내에 분리할 수 없는 내부 패턴이나 인증 정보를 담고, 이 인증 정보를 NFT에 저장하는 형태를 생각해 볼 수 있습니다. 혹은 유명 그림의 X-Ray 사진을 NFT로 저장하는 것입니다. 그림은 일반적인 시선에서 봤을 때 동일할 수 있지만, 그 X-Ray 사진까지 일치하게 그려낼 수는 없기 때문입니다.

이와 같이 실물 자산과 NFT를 연동해 어떤 사업을 진행한다고 했을 때, NFT는 외부 실물 자산과 어떠한 형태로든 연결이 필요합니다. 이 부분이 NFT를 실물의 자산과 연계하려는 비즈니스에서 가장 결정적이며 중요한 요소입니다.

따라서 사슬에서는 NFT를 실물 자산의 인증이나 소유권 측면에서 바라보는 것이 아닌, 디지털 세상 본연의 목적에 맞게 바라봅니다. **NFT는 블록체인 내에 데이터를 저장하는 방법 중 하나에 불과하**며, 이 시선에서 NFT의 활용을 확장하는 것이 더 바람직할 것입니다.

# 11장

# 비트코인이 1초 만에 전송되는 서비스가 가능한가요?

## 11.1 블록체인의 속도는 왜 늘 문제가 되는가?

블록체인이 본격적으로 대중의 관심을 받기 시작한 이후, 사람들은 늘 한 가지 불만을 말해왔습니다. 바로 '느리다'는 점입니다. 인터넷 뱅킹에서는 단 몇 초 만에 끝나는 이체가 블록체인에서는 몇 분씩 걸리고, 피자 한 조각을 사는 데도 10분을 기다려야 한다면 현실에서는 쓸 수 없다는 비판이 계속되었던 것입니다.

이러한 문제는 비트코인과 이더리움 모두에서 똑같이 존재합니다. 블록체인의 철학이 '탈중앙화'와 '신뢰 없는 환경에서의 검증'에 있다면, 속도는 기술적으로 반드시 희생되는 요소가 됩니다. 모든 노드가 동일한 결과값을 보장받아야 하고, 이를 위한 합의 과정이 선행되기 때문에 어느 정도의 지연은 시스템의 필연이자 장점입니다.

하지만 사람들은 기다리는 것을 싫어합니다. 그래서 등장한 것이 '블록체인 1초 전송'이라는 문구입니다. 대표적인 예시로는 라이트닝 네트워크Lightning Network, 임시결제 서비스, 그리고 수많은 레이어 2Layer 2 솔루션들이 있습니다.

이 글에서는 이러한 서비스들이 실제로는 무엇을 하는 것인지, 그리고 왜 그것이 본질적인 해결책이 될 수 없는지를 Layer 2라는 개념과 함께 짚어보려 합니다.

## 11.2 1초 전송은 어떻게 가능한가?
### 블록체인을 벗어난 해결책

우선 블록체인은 기본적으로 탈중앙화된 네트워크입니다. 그 안에서 이루어지는 모든 거래는 각 노드의 검증을 거쳐 블록에 기록되며, 이 기록은 불변하게 유지됩니다. 거래의 '확정'이란 것은 단순히 전송 명령을 내리는 것이 아니라, 해당 거래가 네트워크 내에서 공식적으로 인정받고 공유되는 과정을 의미합니다.

그런데 '비트코인을 1초 만에 전송한다'는 것은 이런 확정 과정을 거치지 않고 거래를 처리하겠다는 말과 같습니다. 예를 들어 라이트닝 네트워크는 오프체인 채널을 만들어 블록체인 외부에서 거래를 먼저 수행하고, 나중에 그 결과만 메인 블록체인에 기록합니다. 이는 일종의 거래 예약 시스템이며, '실제로 발생한 거래'가 아니라 '합의된 거래 예정'에 가깝습니다.

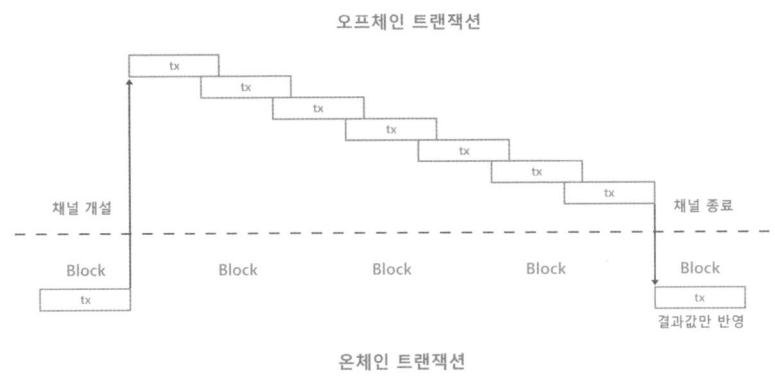

라이트닝 네트워크 구조 단순화

문페이와 같은 서비스 역시 결국 중앙화된 서버에서 잔액을 조정한 뒤, 사용자에게만 '전송되었다'는 화면을 보여주는 방식입니다. 실질적인 거래는 나중에 블록체인에서 처리되거나, 아예 블록체인에 기록되지 않기도 합니다. 즉, 이는 블록체인을 사용하는 것이 아니라 **블록체인을 흉내 내는 것**에 가깝습니다.

즉, 기존의 블록체인인 비트코인이나 이더리움 등을 빠르게 처리해주는 시스템과 같은 홍보는 블록체인을 벗어난 해결책을 의미합니다. 일정 시간 동안 일어나는 트랜잭션을 실제로 진행하지 않고, 자신들의 중앙화된 시스템에 기록한 뒤, 최종 결과값만 블록체인에 기록하는 것입니다.

예를 들어 A와 B가 서로 1비트를 주고받습니다. (편의상 수수료는 계산하지 않습니다.) A와 B는 하루 동안 1비트를 서로 10번 주고받았습니다. 그러면 네트워크상에 기록된 최종 잔고는 동일할 것입니다. 그러나 트랜잭션 횟수만큼 서로 주고받았다는 기록은 분명하게 저장됩니다.

반면 레이어 2나 오프체인 같은 용어를 사용하게 되면 이 모든 기록을 전부 블록체인에 기록하지 않습니다. 오직 최종 결과만을 기록하게 되는 것입니다. 결과적으로는 아무런 차이가 없지만, 과정에 있어 큰 차이가 발생합니다. 또한 레이어 2나 서비스 사업자가 악의적인 행위를 하는 경우 이를 막을 수 있는 방법이 존재하지 않습니다.

## 11.3 레이어 2의 구조적 한계

이와 같은 철학은 자연스럽게 레이어 2 개념으로 이어집니다. 레이어 2는 말 그대로 레이어 1, 즉 블록체인 메인넷의 위에 위치한 또 다른 처리 계층입니다. 레이어 2는 트랜잭션을 빠르게 처리하거나, 수수료를 줄이거나, 다양한 기능을 확장하기 위해 만들어졌습니다.

하지만 레이어 2는 결국 블록체인의 일을 블록체인 바깥에서 처리하는 구조입니다. 즉, 처리의 핵심은 레이어 2에서 이루어지고,

**결과 요약본만 메인 블록체인에 기록하는 방식**입니다. 이것은 블록체인 시스템이 갖춰야 할 세 가지 핵심 원칙, 즉 탈중앙성, 보안성, 확장성 중에서 보안성과 탈중앙성을 희생한 구조라고 할 수 있습니다.

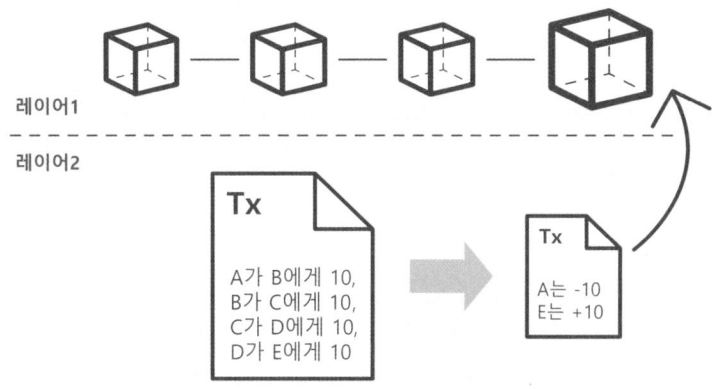

레이어 2 구조 단순화

이러한 구조에서는 레이어 2가 자체적인 합의 과정을 따로 가져야 하며, 그 합의가 실제로 신뢰할 수 있는지 여부는 레이어 2 네트워크의 설정과 관리 주체에 달려 있습니다. 블록체인을 이용하는 사람들의 신뢰에 부응하기 위해서는 아무리 레이어 2 블록체인이라 하더라도 명확한 합의 알고리즘과 블록체인 기반의 처리 시스템을 구축해야 하는 것입니다. 그러나 지금까지 출시된 그 어떤 레이어 2 블록체인에서도 본인들의 독창적인 합의 알고리즘을 내세운 적은 없습니다.

만약 레이어 2의 합의 알고리즘이 획기적이라면 굳이 레이어 2 블록체인을 표방할 필요가 없습니다. 레이어 2는 기존 블록체인이 가진 한계를 편법을 활용해 해결하겠다는 말장난에 지나지 않습니다.

즉, 메인넷이 가진 보안성과 불변성은 레이어 2의 트랜잭션 처리에는 적용되지 않습니다. 결국 레이어 2는 블록체인의 이름을 빌렸을 뿐, 본질적으로는 또 다른 별도의 시스템입니다. 그리고 이 시스템이 어느 정도의 신뢰도를 갖고 있는지는 면밀히 따져봐야 할 문제입니다.

## 11.4 레이어 2는 결국 또 다른 '중앙 시스템'인가?

레이어 2의 구조는 매우 익숙합니다. 웹 2.0 시대의 중앙 집중형 서비스와 별반 다르지 않습니다. 빠르게 처리하고, 편리한 인터페이스를 제공하지만, 중앙 시스템을 신뢰해야 한다는 점에서 기존의 인터넷 서비스와 다를 바가 없습니다. 그 결과 많은 레이어 2 솔루션은 오히려 블록체인의 철학에서 멀어지고, 사용자는 자신이 사용하는 서비스가 실제로 '블록체인'인지조차 알지 못한 채 이용하게 됩니다.

게다가 레이어 2는 메인넷보다 기술적으로 훨씬 복잡하며, 중간자의 개입 가능성이 매우 큽니다. 탈중앙화된 블록체인 네트워크를 사용한다고 생각했지만, 실질적으로는 하나의 플랫폼 운영자에게 거래의 운명을 맡기게 되는 것입니다.

물론 세상의 모든 레이어 2 기술이 중앙화된 시스템이라고 보는 것은 무리가 있습니다. 그러나 레이어 2라는 단어 자체가 한계를 명확히 드러낸다는 점에는 이견이 없습니다. 블록체인의 신뢰 시스템을 믿는 사람들의 입장에서는 레이어 2에서 처리되는 트랜잭션을 어떻게 믿을 수 있는지가 해결되지 않습니다. 레이어 2에서 이 신뢰도를 자신들의 지위, 권위와는 별개로 구축했다면 그것은 그 자체로 시스템적으로 보장하는 신뢰 밖에 없습니다. 그리고 우리는 그 기술을 레이어 2가 아닌 블록체인이라 부릅니다.

결국 가장 완벽한 레이어 2는 가장 완벽한 블록체인인 것이며, 그 자체로도 독립적인 기능 수행이 가능하므로 레이어 2가 아니라 대등한 블록체인으로 바라봐야 할 것입니다. 만약 이 조건을 충족하지 못한 기술이라면 레이어 2라는 이름조차도 중앙화된 시스템을 감추기 위한 허상에 불과합니다.

## 11.5 결론: 빠른 속도보다 중요한 것

블록체인은 단순한 기술이 아니라 철학입니다. 아무리 빠르게 전송된다고 해도, 그것이 블록체인의 핵심 원칙을 위배한다면 그것은 '블록체인 기술'이 아닙니다. 레이어 2는 블록체인의 기술적 한계를 우회하려는 노력으로 볼 수 있지만, 그 과정에서 블록체인의 존재 이유 자체를 희생한 구조입니다.

진정한 확장성과 실용성을 가진 블록체인은 속도와 완결성, 탈중앙성과 신뢰성이라는 요소들이 동시에 균형을 이루는 **구조**여야 하며, 이는 단순한 임시방편이 아닌 근본적인 기술적 혁신을 통해서만 가능합니다.

## 12장

# 블록체인도 해킹을 당했다는데, 해킹이 가능한가요?

결론부터 말하자면, **블록체인 자체는 해킹이 거의 불가능합니다.** 블록체인은 '탈중앙화된 합의 구조'를 기반으로 설계되었고, 네트워크 참여자들이 서로를 검증하는 구조 덕분에 데이터를 위·변조하거나 무단으로 변경하는 것이 원천적으로 어렵습니다. 그렇다면 왜 언론에서는 "블록체인이 해킹당했다", "암호화폐가 털렸다"는 이야기가 나올까요?

이는 대부분 블록체인 자체가 아닌, 블록체인과 관련된 '외부 서비스'가 해킹당한 것입니다. 그리고 바로 이 점을 구분하지 못해 일반인들은 블록체인의 보안성을 오해하게 되는 것입니다. 블록체인 외부 서비스들은 블록체인 네트워크와 어느 정도 연계되어 있지만 그 자체도 블록체인으로 구성된 것은 아닙니다. 따라서 이와 같은 문장들로 '블록체인도 해킹이 가능하다'라고 생각하는 것은 오해입니다.

## 12.1 블록체인과 관련된 해킹의 실제 대상들

다음은 블록체인과 관련된 대표적인 서비스들이며, 해킹 피해 사례는 이들에서 대부분 발생합니다.

### ① 암호화폐 거래소

암호화폐 거래소는 비트코인, 이더리움 등과 같은 암호화폐를 실제로 사고팔 수 있도록 중개해 주는 플랫폼입니다. 대표적인 거래소로는 바이낸스, 코인베이스, 업비트, 빗썸 등이 있으며, 사용자들은 해당 거래소에 자산을 예치한 상태에서 다양한 거래를 진행합니다.

하지만 대부분의 암호화폐 거래소는 중앙 서버 구조로 운영되며, 사용자들의 개인키를 대신 보관하는 방식을 채택하고 있습니다. 이로 인해 거래소 내부자의 자산 탈취, 서버 해킹, 보안 취약점 등을 통한 대규모 유출 사고가 과거에도 여러 차례 발생한 바 있습니다.

거래소가 중앙화된 구조를 사용하는 이유는 거래의 편의성 때문입니다. 만약 거래소 내 모든 거래가 블록체인에 직접 기록되어야 한다면, 거래 속도가 매우 느려져 실사용이 거의 불가능해집니다. 예를 들어 사용자가 비트코인을 매수하거나 매도할 때마다 실제 블록체인상에서 처리해야 한다면, 그 거래는 최소 1시간에서 몇 시간까지 걸릴 수 있으며, 그 과정에서 수수료도 발생합니다.

이를 해결하기 위해 거래소는 사용자의 자산 보유 현황을 별도의 내부 장부에 기록하고, 실제 암호화폐의 이동 없이 내부 수치만 조정하는 방식으로 거래를 처리합니다. 이 구조를 요약하면 다음과 같습니다.

- 입출금 시에는 실제 블록체인에 거래가 기록되므로 시간이 걸리고 수수료가 발생합니다.
- 거래소 내부에서의 매매 및 자산 이동은 블록체인 기록 없이 내부 데이터만 변경되므로 즉시 처리되며 수수료도 없습니다.

결과적으로 거래소에 입금된 모든 암호화폐는 거래소 측의 지갑 주소에서 일괄적으로 관리되며, 실질적인 권한 역시 거래소가 보유합니다. 그렇기 때문에, 내부 인원이 해당 지갑의 개인키를 탈취하거나, 서버가 해킹을 당해 지갑 정보가 유출될 경우 전체 자산이 외부로 빠져나가는 사건이 발생할 수 있는 것입니다.

하지만 이러한 사고는 거래소 시스템의 보안 문제이지, 블록체인 자체가 해킹당한 것은 아닙니다. 블록체인은 여전히 분산 구조와 암호화 기술을 기반으로 한 강력한 보안성을 유지하고 있으며, 거래소 해킹과는 분명히 구분되어야 합니다.

## ② 브릿지

브릿지Cross-Chain Bridge는 서로 다른 블록체인간의 자산 이동을 가능하게 해주는 기술 또는 서비스입니다. 예를 들어 이더리움의 자산을 솔라나Solana 네트워크로 이동시키고자 할 때 브릿지를 사용합니다. 서로 다른 블록체인에서는 블록의 기록이 다르므로 자산을 이동한다는 말이 성립될 수 없습니다. 그러나 약간의 편법을 이용하면 자산의 이동이 가능하며, 그 구조는 다음과 같습니다.

1. 예를 들어 이더리움의 이더ETH를 솔라나로 이동합니다.
2. 이 경우, 직접적으로 이더를 솔라나로 전송하는 것은 불가능합니다.
3. 솔라나에서는 sETHSolana ETH 라는 자산을 별도로 생성합니다.
4. sETH는 특정 조건을 만족하기 전까지는 활성화되지 않고, 특정한 지갑 주소 A에 보관되어 있습니다.
5. 이더리움에서 B라는 이더리움 지갑 주소로 10 이더를 전송합니다.

6. B라는 지갑 주소에 10 이더가 전송된 것이 확인되면, 솔라나의 A 지갑 주소에 있던 10 sETH가 사용자가 지정한 솔라나 지갑 주소로 전송됩니다.
7. 이더리움의 A 지갑 주소에 전송된 10 이더는 반대의 경우가 발생하기 전까지 활성화되지 않습니다.

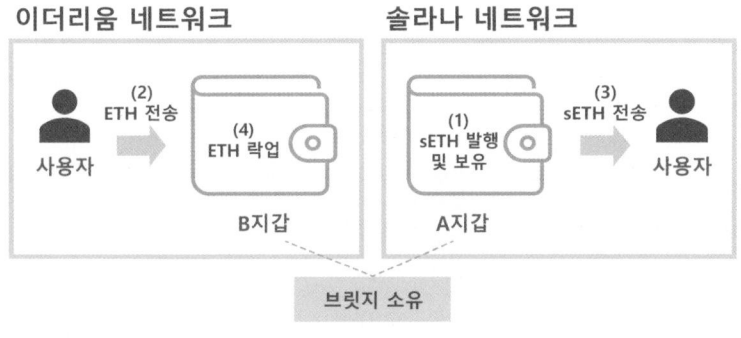

대체 자산 예시

이러한 구조는 실제 자산의 이동이 아니라 '예치와 발행'의 구조라고 할 수 있습니다. 즉, 사용자가 보낸 이더는 원래 체인(이더리움)에 고정되고, 다른 체인(솔라나)에서는 동일한 수량의 대체 자산이 발행되는 방식입니다.

이 구조에서 중요한 점은 다음과 같습니다.

- sETH는 솔라나 네트워크에서 발행된 토큰이므로, 솔라나의 규칙을 따릅니다. 이더리움의 수수료Gas fee나 처리 시간

- 과는 무관하며, 솔라나의 빠른 처리 속도와 낮은 수수료를 적용받습니다.
- 그러나 sETH는 어디까지나 솔라나 네트워크 상에 존재하는 별도의 토큰일 뿐이며, 원래의 ETH와는 본질적으로 다른 암호화폐입니다. 이름과 가치를 동일하게 맞춰 놓았을 뿐, 기술적으로는 전혀 별개의 자산입니다.

이 과정을 중계하는 주체가 바로 브릿지입니다. 브릿지 서비스는 사용자가 자산을 전송한 지갑 주소와, 브릿지 내에 보관 중인 대체 자산을 관리하며, 양 네트워크 간 자산의 예치 및 발행/소각을 담당합니다.

하지만 이 구조는 다음과 같은 심각한 리스크를 내포하고 있습니다.

- 브릿지 서비스가 해킹을 당하거나,
- 운영 주체가 자산을 고의로 유용하거나,
- 운영자가 사라지는 경우에, 사용자의 자산은 회수 불가능한 상태가 됩니다.

실제로도 브릿지를 통한 해킹 사건의 상당수는 외부 공격이 아닌 내부자에 의한 유출이거나, 고의로 서비스를 종료하며 자산을 훔치는 경우였습니다. 그리고 그 과정에서 피해자들에게는 '해킹을 당했다'는 명분만이 남게 됩니다.

이처럼 브릿지는 다양한 블록체인간의 연결을 시도한다는 점에서는 기술적으로 흥미로운 구조이지만, 중앙화된 서비스라는 본질을 가지고 있으며, 보안적인 측면에서는 여전히 많은 위험을 안고 있습니다. 따라서 사용자 입장에서는 브릿지에 자산을 전송하는 것은 곧 브릿지 운영자에게 전적인 신뢰를 맡기는 행위라는 점을 인식해야 합니다.

③ **지갑 애플리케이션**

사용자가 블록체인을 사용할 때 필수적으로 이용하는 프로그램이 바로 지갑 애플리케이션입니다. 예를 들어 메타마스크MetaMask나 트러스트월렛Trust Wallet 같은 앱이 대표적입니다. 지갑 애플리케이션은 사용자의 개인키나 시드 구문을 통해 지갑을 생성하며, 블록체인과 직접 연결되는 창구 역할을 합니다.

문제는 일부 악성 지갑 애플리케이션이 사용자 몰래 정보를 탈취하거나, 지갑 데이터를 전송하는 서버가 해킹을 당해 개인정보가 유출되는 사건입니다. 사용자 입장에서는 공식 앱을 사용했더라도 데이터를 전송하는 서버가 존재하는 한, 지갑 내 정보가 유출될 가능성은 항상 존재합니다. 그래서 지갑 애플리케이션 역시 탈중앙화된 구조로 설계해야 합니다. 그러나 대부분의 지갑 애플리케이션에서는 쉬운 길을 선택해 특정 서버가 지갑의 데이터를 처리하도록 설계했으며, 이때 해킹이 발생할 수 있습니다.

④ **개인의 관리 소홀**

블록체인 기술은 시스템적으로 볼 때 해킹이 거의 불가능하다고 평가받을 정도로 강력한 보안성을 갖추고 있습니다. 그러나 이것은 블록체인 네트워크 자체의 이야기일 뿐, 개인 사용자의 관점에서는 여전히 해킹의 위험에 노출되어 있습니다.

과거의 중앙화된 시스템에서는 한 번 해킹이 발생하면 서비스 전체의 데이터가 유출되는 대규모 피해가 일어나곤 했습니다. 하지만 블록체인에서는 그런 방식의 해킹은 사실상 불가능하며, 대부분 '개인 단위'에서 발생하는 해킹이 주된 피해 유형입니다. 그리고 이러한 해킹은 대부분 **사용자 본인의 관리 소홀**로 인해 발생합니다.

대표적인 개인 해킹 사례는 다음과 같습니다.

- **시드 구문 또는 개인키 유출**
  이메일, 메신저, SNS 등을 통해 시드 구문이나 개인키를 입력하거나 노출하는 경우, 이는 지갑 전체를 그대로 넘기는 것과 같습니다. 누군가가 해당 정보를 복사해 자신의 지갑 앱에 입력하면, 원격에서 사용자의 자산을 자유롭게 이동시킬 수 있게 됩니다.

- **피싱 사이트 및 가짜 링크**
  유명 거래소나 지갑 사이트로 위장한 가짜 웹사이트에 접속하게 유도하고, 거기서 시드 구문을 입력하게 만드는 방식입니다. 혹은 가짜 에어드랍Airdrop 이벤트나 악성 링크를 통해 개인 정보를 빼내는 피싱 수법도 여전히 활발하게 이루어지고 있습니다.

- **기기 또는 브라우저 보안 취약성**
  보안 업데이트가 되지 않은 구형 스마트폰이나, 확장 프로그램Extension이 많은 브라우저 등은 악성 코드에 노출될 위험이 높습니다. 이 경우 지갑 앱 사용 중에 모르는 사이 해킹이 일어날 수 있습니다.

이렇듯 블록체인 자체는 견고한 보안 구조를 지니고 있지만, 개인 사용자의 부주의는 언제든 자산 손실로 이어질 수 있습니다. 특히 시드 구문이나 개인키는 절대 타인에게 보여주거나 온라인 상에 저장해서는 안 되며, 오직 오프라인에서 안전하게 보관해야 합니다.

만약 블록체인에서 해킹이 가능하다면 가장 먼저 시도할 대상은 많은 암호화폐를 보유한 상위 지갑 주소일 것입니다. 하지만 현실에서 특정 개인의 지갑이 해킹당했다면, 그것은 대부분의 경우 그 개인의 정보가 외부에 노출되었기 때문입니다.

따라서 블록체인을 사용하는 모든 개인은 시드 구문, 개인키, 기기 보안 등에 대한 철저한 인식과 관리를 바탕으로 스스로의 자산을 보호할 책임이 있습니다.

## 12.2 51% 공격으로 해킹이 가능하지 않나요?

블록체인에는 종종 언급되는 51% 공격이라는 개념이 있습니다. 그리고 일부 언론이나 비전문가들은 51% 공격에 취약하다는 표현을 자주 사용합니다. 그렇다면 51% 공격이란 무엇일까요?

블록체인, 특히 비트코인과 같이 작업증명(PoW) 방식으로 운영되는 네트워크에서는 여러 노드가 서로 경쟁하며 블록을 생성합니다. 이 과정에서 블록체인 네트워크 전체의 연산력(해시 파워) 중 과반수, 즉 51% 이상을 하나의 주체가 장악하게 되면, 해당 주체는 자신이 생성한 블록을 가장 빠르게 이어갈 수 있게 되어 합의 주도권을 가지게 됩니다. 이 상황을 흔히 '51% 공격'이라고 부릅니다.

많은 사람들은 이 공격을 통해 과거의 블록 데이터를 조작할 수 있다고 생각하지만, 이는 사실과 다릅니다. 블록체인은 해시값으로 연결된 구조를 가지고 있기 때문에, 과거 블록의 내용이 변경되면 그 이후의 모든 블록들도 함께 무효화됩니다. 블록체인 전체가 분산 저장되어 있고, 서로 다른 노드들이 동일한 블록체인을 공유하기 때문에, 일부 데이터를 조작하는 시도는 체인의 일관성을 무너뜨리고 즉시 감지됩니다. 즉, **과거의 거래 기록을 수정하거나 타인의 자산을 훔치는 것은 불가능합니다.**

그렇다면 51% 공격으로 실제 가능한 행위는 무엇일까요?

우선 이중지불Double Spending이 가능합니다. 이는 공격자가 자신이 전송한 트랜잭션을 취소하고, 블록을 다시 생성함으로써 다른 트랜잭션으로 바꿔치기 하는 방식입니다. 예를 들어 상점에 결제를 한 뒤 곧바로 자신의 블록으로 덮어씌워 해당 결제를 없애 버리는 식입니다. 이론적으로는 가능하지만, 이를 성공시키기 위해선 매우 빠르게 블록을 연속으로 생성해야 하며, 네트워크 전체의 눈을 피해야 하므로 실현 가능성은 매우 낮습니다. 또한 이중지불에 성공했다 하더라도 다음 채굴에 의해 블록을 생성할 때 위변조가 감지되면 해당 블록은 다시 삭제되므로 이중지불의 상태를 영원히 이어나가는 것은 매우 어렵습니다.

또한 특정 트랜잭션을 블록에 포함시키지 않고 차단하는 것도 가능합니다. 예를 들어 공격자가 악의적으로 어떤 사용자의 송금 요청을 지속적으로 무시한다면, 해당 거래는 블록에 포함되지 않고 처리가 지연될 수 있습니다. 그러나 이 역시 일시적인 차단에 불과하며, 네트워크 참여자들이 공격 사실을 인지하고 대처할 가능성이 높습니다.

결국 51% 공격은 블록체인의 핵심 구조를 근본적으로 무너뜨릴 수는 없습니다. 공격자가 가능한 행위는 일부 제한적인 상황에서 이중지불이나 거래 차단 정도이며, 이런 시도들은 네트워크에 의해 빠르게 감지됩니다. 무엇보다 이러한 공격을 감행하려면 막대한 연산 자원과 전기 비용이 필요하기 때문에, 공격을 시도해 얻을 수 있는 실익이 거의 없습니다. 오히려 해당 블록체인의 신뢰성이 훼손되어 자신이 보유한 자산의 가치가 떨어질 수 있는 자해 행위에 가깝습니다.

따라서 블록체인에서 말하는 '해킹'과 '51% 공격'은 일반적인 해킹과는 성격이 다르며, 블록체인의 보안성과 불변성은 여전히 강력하게 유지된다고 볼 수 있습니다.

# 13장

# 사슬은 모바일 채굴이 불가능한가요?

모바일 채굴은 이론적으로는 가능하지만, 현실적으로는 거의 불가능에 가깝습니다. 모바일 채굴이 가능하다고 주장하거나, 이미 적용한 사례가 있다는 주장은 오히려 에어드랍Airdrop과 채굴을 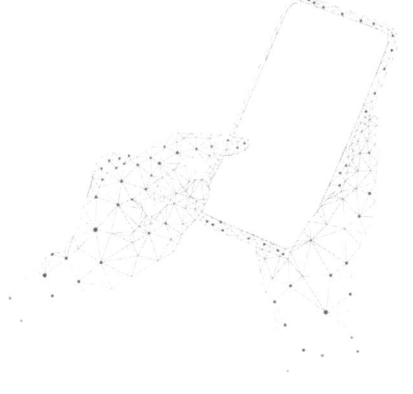 혼동하여 나온 결과입니다. 이 개념을 명확히 이해하기 위해 먼저 에어드랍에 대해 짚고 넘어가겠습니다.

## 13.1 에어드랍이란?

에어드랍Airdrop은 블록체인 프로젝트나 암호화폐 발행 주체가 특정 사용자들에게 암호화폐를 무상으로 배포하는 방식입니다. 이는 주로 프로젝트를 홍보하거나 커뮤니티를 확장하고, 초기 유동성을 확보하기 위한 마케팅 수단으로 활용됩니다. 새로운 암호화폐를 널리 알리기 위해 무상으로 나눠주면 사용자는 자연스럽게 해당 프로젝트에 관심을 갖게 되고, 이를 통해 실사용자 기반을 넓힐 수 있습니다.

에어드랍의 목적은 다양합니다. 첫째, 프로젝트 홍보와 인지도를 높이기 위한 수단이며, 둘째, 초기 토큰 분배를 통해 유저 간 거래를 유도하고 유통을 활성화하는 데 기여합니다. 셋째, 기존 사용자에 대한 보상의 의미로 사용되기도 합니다. 예를 들어 일정 시점에 특정 지갑 주소를 보유하고 있었던 사용자에게 자동으로 토큰을 배포하는 방식이 대표적입니다. 넷째, 프로젝트의 참여율을 높이기 위한 유인책으로, 에어드랍을 받은 사용자가 해당 플랫폼이나 서비스에 직접 참여하게끔 유도할 수도 있습니다.

에어드랍을 받기 위해서는 보통 몇 가지 조건이 필요합니다. 예를 들어 지갑 주소 등록, 소셜 미디어 계정 팔로우나 콘텐츠 공유, 친구 추천이나 초대, 혹은 과거 특정 서비스 사용 이력 등이 이에 해당합니다. 어떤 조건을 충족했는가에 따라 배포량이나 지급 여부가 결정되며, 일부 에어드랍은 자동으로 진행되기도 합니다.

결국 에어드랍은 채굴과 다르게 오히려 송금 트랜잭션에 가깝습니다. 채굴은 컴퓨터나 채굴 장비들의 컴퓨팅 파워를 소모하며 보상을 획득하는 것이라면, 에어드랍은 단순히 코인 또는 토큰을 전송받는 것에 불과합니다. 사용자의 입장에서는 코인이나 토큰이 자신의 애플리케이션 화면에 표시되는 것을 보고 채굴로 오해하기 쉽습니다. 그러나 에어드랍과 채굴은 분명한 차이가 존재하며, 아직까지 모바일 기기에서 제대로 된 채굴을 지원하는 블록체인은 없습니다.

## 13.2 모바일 채굴의 현실

### ① 채굴의 경쟁 환경

비트코인이나 이더리움(과거 PoW 시절) 같은 주요 암호화폐는 고도의 연산 능력을 요구합니다. 이 때문에 채굴은 대부분 전문 채굴 장비(ASIC, GPU)를 사용하는 대형 채굴장에서 이루어집니다. 이런 환경에서 모바일 기기의 연산력은 턱없이 부족하므로 채굴 경쟁 자체가 불가능합니다.

② 전력 소모와 발열 문제

채굴은 높은 연산을 지속적으로 수행하는 작업이기 때문에, 전력 소모가 크고 발열도 심합니다. 스마트폰은 고성능 연산을 장시간 처리할 수 있도록 설계되지 않았기 때문에, 실제로 채굴 앱을 실행하면 배터리 수명 단축, 기기 발열 증가, 성능 저하, 기기 손상 위험이 발생합니다.

③ 경제성 부재

채굴에서 발생하는 보상은 투입된 연산력 비중에 따라 분배됩니다. 모바일 기기의 연산력은 전체 네트워크에서 거의 무시할 수 있는 수준이기 때문에, 기기를 몇 달 동안 돌려도 수익은 거의 없거나 전혀 없을 수 있습니다. 오히려 전기요금과 기기 손상 비용이 더 클 수 있습니다.

④ 모바일 채굴 애플리케이션

앱스토어나 구글플레이에 존재하는 '모바일 채굴' 애플리케이션의 대부분은 실제 채굴과는 무관합니다. 실제로는 단순한 클라우드 채굴 광고, 포인트 적립, 로또식 보상 등의 형식이 많고, 일부 앱은 아예 사기이거나 개인 정보를 수집하는 악성 애플리케이션이기도 합니다.

⑤ 예외적인 경우: 소규모 프로젝트

간혹 연산력이 거의 필요 없는 방식의 블록체인에서 모바일 채굴 개념이 적용되기도 합니다. 예를 들어 Pi Network나 Electroneum 같은 프로젝트는 채굴이 아닌 채굴 시뮬레이션, 혹은 소셜 기반 분배 방식을 사용하는 경우가 많아 '채굴한다'는 표현은 형식적인 경우가 많습니다.

## 13.3 결론

모바일 채굴은 현실적인 수익도 없고, 장비 손상 가능성도 크며, 대부분의 경우 '채굴'이라는 이름만 빌린 애플리케이션이 대부분입니다. 기술적으로 가능하다고 해서 실질적인 가치가 있는 것은 아니며, 채굴은 여전히 고성능 장비와 안정적인 인프라를 갖춘 환경에서만 경쟁력이 있습니다.

# 14장

# 블록체인에서 포크가 무엇인가요?

## 14.1 포크의 개념

블록체인에서 '포크Fork'란 말 그대로 체인이 갈라지는 현상을 의미합니다. 그러나 이 말은 단순한 분기branching를 뜻하는 것이 아니라, 블록체인이 유지하던 합의 규칙Consensus Algorithm이 변경되거나, 일시적으로 노드 간 블록 헤더 정보의 차이가 생기면서 합의의 불일치 상태가 발생하는 것을 포함합니다.

포크는 크게 두 가지 형태로 구분할 수 있습니다.

## ① 일시적 분기

이는 기술적으로 흔히 발생하는 자연스러운 현상입니다.

예를 들어 두 개의 노드가 거의 동시에 블록을 생성해 서로 다른 블록을 다음 블록으로 전파하면, 일시적으로 체인이 두 갈래로 나뉘게 됩니다. 이런 경우, 네트워크에 참여하고 있는 노드들은 어떤 체인의 블록 데이터를 신뢰해야 하는지 고민에 빠지게 됩니다. 일반적으로 PoW 네트워크는 **가장 긴 체인을 선택하는 원칙**에 따라 곧 하나의 체인으로 수렴됩니다. PoW 네트워크에서는 가장 긴 체인이 그만큼 더 많은 매몰비용과 컴퓨팅 파워를 소모한 체인이기 때문입니다. 즉, 데이터의 신뢰보다 그동안 쌓인 작업을 신뢰한다는 의미가 강합니다.

이러한 포크는 대부분 네트워크 지연latency이나 연산력의 충돌로 인해 생기며, 시간이 지나면 자연스럽게 해결됩니다. 만약 나뉘어진 블록이 오랜 시간 하나로 합쳐지지 않고 계속 지속되는 경우, 이를 롱포크Long Fork라고 부르기도 합니다. 롱포크 상태에서는 서로 갈라진 체인의 길이가 서로 동일하거나 다시 합쳐지지 못하는 상태인 경우도 포함됩니다. 이때는 재단 등의 공신력 있는 기관에서 특정 체인을 공식적인 체인으로 인정하기도 합니다.

## ② 합의 규칙 변경에 의한 포크

이는 블록체인의 핵심 프로토콜을 수정하는 경우 발생하며, 기존 노드들과 새로운 노드들 간에 합의 규칙의 차이가 발생하게 됩니다. 이때는 명확한 규칙 변경이 적용된 포크로 분류되며, 보통 두 가지로 나뉩니다.

### ◆ 소프트 포크(Soft Fork)

- 새로운 규칙이 기존의 규칙을 포함superset하는 형태입니다.
- 구 버전의 노드도 새 버전의 블록을 부분적으로는 인식할 수 있습니다.
- 따라서 하위 호환이 가능하며, 비교적 부드러운 업그레이드가 가능합니다.

예: 비트코인의 세그윗SegWit은 대표적인 소프트 포크입니다.

### ◆ 하드 포크(Hard Fork)

- 새로운 규칙이 기존의 규칙과 호환되지 않습니다.
- 이전 노드에서는 새로운 블록을 인식할 수 없습니다.
- 따라서 네트워크는 둘로 분리될 수 있으며, 완전한 호환 단절이 일어납니다.

예: 이더리움 클래식ETC의 분기, 비트코인 캐시BCH의 탄생 등이 대표적인 하드 포크입니다.

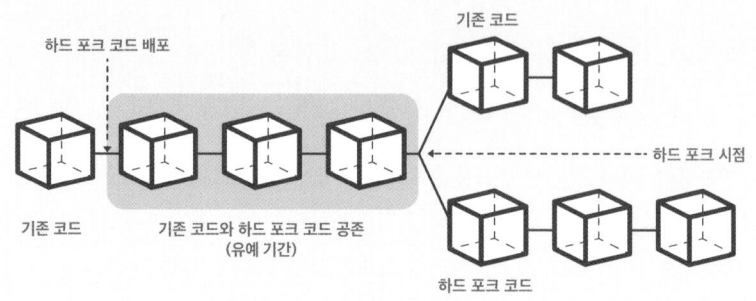

하드 포크의 과정 단순화

## 14.2 하드 포크의 기술적 난이도

하드 포크는 단순한 업그레이드가 아닙니다. 이는 블록체인 네트워크 전체의 합의 구조, 보안 구조, 운영 방식을 변경하는 행위입니다. 그 난이도는 일반적인 중앙 서버 시스템과는 비교조차 될 수 없습니다.

### ① 탈중앙화의 한계

블록체인은 탈중앙화 시스템입니다. 즉, '운영자'가 존재하지 않으며, 모든 노드가 자발적으로 업데이트를 진행해야 합니다. 따라서 중앙 서버 시스템처럼 일괄적인 업데이트가 불가능하며, 일시 중단된 상태에서 업데이트만 진행한 후 결과를 확인하는 것도 불가능합니다. 아울러 타인이 운영하는 노드에 업데이트된 내용을 강제로 적용하는 것 역시 불가능하며, 일부 노드가 업데이트를 거부한 상태로 운영을 계속하면 체인이 분기되기도 합니다.

체인이 분기된 대표적인 사례가 바로 이더리움과 이더리움 클래식입니다. 과거 이더리움에서는 스마트 컨트랙트의 결함으로 인해 대규모 이더가 해킹당하는 사건이 발생했습니다. 유례없는 큰 사건으로 인해 이더리움 재단에서는 고민 끝에 하드 포크를 진행했습니다. 이때의 하드 포크는 해킹 이전의 블록 상태까지만 신뢰하여 그 이후에 생성된 블록은 인정하지 않는 절차로 이루어졌습니다.

그러나 기존의 이더리움을 사용하고 있던 집단에서는 이러한 조치에 반발했습니다. 해킹 사태가 발생한 것 역시 블록체인 기록의 일부이며 이를 안고 가야 한다는 입장이었습니다. 첨예한 대립 끝에 이더리움은 하드 포크된 네트워크와 기존의 네트워크 두 개로 나뉘게 되었습니다. 그리고 기존의 네트워크를 이더리움 클래식이라 부르게 되었습니다.

이러한 사례처럼 포크 적용 전에는 광범위한 커뮤니티의 동의, 개발자 설득, 테스트넷 운영 등이 필수입니다.

## ② 기술적 위험과 비가역성

하드 포크는 새로운 합의 규칙이 적용되는 순간부터, 이전 네트워크와는 완전히 단절됩니다. 즉, 오류가 발생하더라도 이를 되돌릴 수 있는 방법이 없습니다. 또한 이미 포크가 이루어진 상태에서 블록이 생성되면 그 뒤로 계속 데이터가 쌓이게 되므로, 잘못된 코드에 의한 강제적인 하드 포크가 발생하면 망 전체가 붕괴할 위험이 있습니다. 또한 하드 포크를 동의하는 노드의 수가 적으면 네트워크에서 고립될 수 있습니다. 즉, 하드 포크는 **일방향이며 복구가 거의 불가능한 작업**입니다.

## ③ 해시파워의 확보

하드 포크가 성공적으로 작동하려면, 포크된 네트워크 상에서 다음 블록이 계속 생성되어야 합니다. 이를 위해서는 일정 수준 이상의 해시파워(작업 증명) 또는 스테이킹 파워(지분 증명)가 확보되어야 합니다.

PoW를 기반으로 하는 블록체인에서는 참여하고 있는 노드의 전체 해시파워에 따라 채굴의 난이도가 결정됩니다. 그러므로 하드 포크를 진행하기 전에는 해시파워를 사전에 확보하는 것이 매우 중요합니다. 만약 1,000만큼의 해시파워로 채굴이 진행되던 체인에서 하드 포크를 진행했는데, 10만큼의 해시파워만 업데이트를 진행한 경우 매우 큰 문제가 발생할 수 있습니다.

해시파워는 990 대 10으로 나뉘었고, 다음 블록을 생성하기 위한 채굴 난이도는 1,000만큼의 해시파워를 기준으로 설정되어 있습니다. 따라서 990의 해시파워를 보유한 기존 체인에서는 비교적 이른 시일 내에 채굴에 성공할 수 있고, 블록 생성이 가능합니다. 그러나 새로운 코드가 적용된, 하드 포크된 체인에서는 10만큼의 해시파워로 1,000의 난이도 문제를 풀어내야만 블록이 생성됩니다. 최악의 경우에는 수학적으로는 우주의 나이만큼 시간이 걸릴 수도 있습니다.

## 14.3 하드 포크가 오래 걸리는 이유

이더리움 2.0으로의 전환은 블록체인 역사상 가장 대규모이자 복잡한 프로토콜 전환 중 하나였습니다. 특히 기존의 작업 증명(PoW) 방식에서 지분 증명(PoS) 방식으로 합의 알고리즘을 바꾼다는 것은, 단순한 기능 추가 수준이 아니라 블록체인의 구조 전반을 다시 설계하는 일이었습니다. 블록 생성 방식뿐만 아니라 보상 구조, 네트워크 운영 방식, 밸리데이터 구조, 블록 제안 알고리즘, 슬래싱 처벌 메커니즘, 무작위성 확보, 가스 계산 방식, 그리고 컨센서스 처리 방식까지 모두 변경되어야 했습니다. 이 가운데 단 하나의 요소라도 문제가 생기면 전체 체인의 안정성과 신뢰성에 영향을 미칠 수 있기 때문에, 수년간의 연구와 테스트는 필수였습니다.

이더리움 재단은 이렇게 대규모로 바뀌는 프로토콜을 기존 메인넷에 바로 적용하는 위험을 피하기 위해, 2020년 12월 별도의 PoS 체인인 비콘 체인Beacon Chain을 먼저 출범시켰습니다. 이 체인은 약 2년간 독립적으로 운영되며 새로운 합의 알고리즘 구조의 안정성을 점검하고, 이후 메인넷과 병합Merge하는 준비 과정을 위한 테스트베드 역할을 수행했습니다. PoS 시스템의 실효성과 보안성, 그리고 실질적인 운영 가능성을 충분히 확인한 후에야, 2022년 9월에 기존 PoW 메인넷과 비콘 체인을 병합함으로써 이더리움 2.0 전환이 완료되었습니다.

이 전환 과정은 단순한 코드 수정을 넘어서, 하나의 글로벌 금융 시스템을 다시 설계하고 교체하는 수준의 변화였기에 긴 시간이 소요될 수밖에 없었습니다. 실제로 이더리움은 처음 제시했던 전환 시점을 몇 차례 연기했으며, 그때마다 사용자들로부터 비난과 실망의 목소리를 들어야 했습니다. 하지만 재단이 최우선으로 둔 것은 '무엇보다 안전한 전환'이었습니다. 앞서 설명했듯, 하드 포크 과정에서 단 하나의 실수만으로도 블록체인 네트워크 전체의 신뢰를 무너뜨릴 수 있기 때문입니다. 이러한 이유로, 이더리움의 전환은 철저한 계획과 반복된 검증을 통해 조심스럽게 진행되었습니다.

이처럼 하드 포크는 매우 첨예한 기술의 적용 과정입니다. 기술 외적으로 발생하는 철학과 갈등, 정치적 논쟁 등은 차치하더라도 하드 포크는 블록체인 네트워크에 있어 가장 큰 분기점이라고 볼 수 있습니다. 또한 이더리움의 사례와 같이 합의 알고리즘을 바꾸는 정도의 큰 하드 포크는 이를 이용하는 집단의 지지도 필요합니다. 만약 독단적으로 합의 알고리즘을 바꾸는 등의 하드 포크를 진행하면 이더리움과 이더리움 클래식의 사례처럼 체인이 갈라져 버릴 수도 있기 때문입니다.

그렇기에 포크는 양날의 검입니다. 한편으로는 블록체인의 유연성과 진화 가능성을 보여주는 상징이지만, 다른 한편으로는 커뮤니티 분열, 사용자 혼란, 자산 이동의 비효율을 불러올 수 있는 위험 요소이기도 합니다. 이더리움처럼 막대한 자본과 풍부한 개발자 커뮤니티, 다양한 테스트 환경을 보유한 프로젝트조차도 합의 알고리즘의 전환에 4~5년이라는 시간을 들였습니다. 이는 포크가 단순한 기능 추가나 업데이트가 아니라, 기술·철학·정치가 모두 얽힌 복잡한 대작업임을 보여주는 사례입니다.

# 마무리하며

## 블록체인을 '이해하는' 세상을 꿈꾸며

이 책을 쓰는 내내, 제 머릿속을 가장 오래 맴돈 질문은 단 하나였습니다.

"어떻게 하면 블록체인을 한 사람이라도 더 정확하고 쉽게 이해할 수 있을까?"

블록체인이라는 기술은 단순한 프로그램이 아닙니다. 암호학, 분산 시스템, 경제학, 심지어 철학적인 질문까지도 끌어들이는 특이한 구조를 가진, 그야말로 다차원적인 기술입니다. 그래서 이 기술을 설명한다는 것은 단순히 작동 원리만을 전달하는 일이 아닙니다. 그것이 지닌 철학, 기술이 작동하는 방식, 그것이 어떤 사회적 맥락 안에서 의미를 가지는지를 함께 전해야 하는 일입니다. 그리고 이 모든 이야기를 가능한 한 '쉬운 언어'로 전달하고자 많은 고민을 거듭했습니다. 기술에 관심이 없는 분도, 어렵다고 느껴왔던 분도, 이 책을 통해 블록체인을 처음 마주한 분도 조금이나마 이해의 실마리를 얻을 수 있도록 말입니다.

저는 아티프렌즈ArtiFriends라는 회사의 일원으로 일하면서 수많은 사람들을 만났습니다. 스스로를 블록체인 전문가라고 말하는 사람들, 오랜 시간 이 업계에서 활동해온 개발자들, 그리고 블록체인이 무엇인지조차 막연한 채 관심을 두고 있는 일반인들까지. 그렇게 다양한 사람들을 만나면서 느낀 것은, 의외로 '누구도 블록체인을 정확히 이해하고 있지 않다'는 점이었습니다.

많은 사람들은 블록체인을 '암호화폐'와 동일한 것으로 이해하거나, 투자의 수단으로만 접근하고 있었습니다. '블록체인 전문가'라고 불리는 사람들조차 정작 블록체인이 어떤 철학 위에 세워진 기술인지, 그것이 왜 중요한지, 어떻게 이루어져 있는지에 대한 고민은 부족한 경우가 많았습니다.

그 속에는 선의로 움직였지만 피해를 본 사람도 있었고, 무지에서 비롯된 비의도적 가해자도 있었으며, 의도적으로 블록체인을 사기의 수단으로 이용한 사람도 있었습니다. 그리고 그 어느 누구보다 이 기술을 진지하게 이해하고 싶어 하면서도, 이를 배울 기회를 쉽게 얻지 못한 사람들도 분명 존재했습니다. 이 책은 바로 그런 분들을 위해 쓰였습니다.

물론 이 책을 읽으신 분들 중에는 여전히 어렵게 느껴졌을 표현이나 개념이 있을 수 있습니다. 어떤 부분은 기술적으로 완전히 정확한 설명이 아닐 수도 있습니다. 하지만 그 모든 선택은 이 책이

'기술자들을 위한 논문'이 아니라, 블록체인을 잘 모르는 사람들에게 명확한 개념의 틀을 심어주기 위한 안내서이기 때문이었습니다. 만약 그 과정에서 일부 기술적 엄밀함이 희생되었다면, 그것은 '이해'와 '공감'을 최우선으로 했던 저자의 의도라는 점을 너그러이 이해해 주시길 바랍니다.

이 책을 통해 누군가는 처음으로 "아, 블록체인이 이런 거였구나"라고 느꼈을 수도 있고, 누군가는 "내가 알고 있던 내용이 틀렸을 수도 있겠다"는 생각을 해봤을 수도 있을 것입니다. 그렇다면 이 책의 목적은 충분히 이루어졌다고 생각합니다. 저는 이 책이 누군가에게 블록체인을 단순한 유행이나 투기의 대상이 아닌, 하나의 기술적 진보로 바라보게 만드는 계기가 되길 바랐습니다.

그리고 이 책에서는 '사슬SASEUL'이라는 블록체인 기술도 함께 소개했습니다. 단순히 하나의 프로젝트를 알리기 위한 목적이 아니라, 블록체인이 담을 수 있는 철학과 기술적 대안의 가능성을 구체적인 구조를 통해 설명하고자 했습니다. 사슬이라는 사례를 통해 기존 블록체인이 안고 있는 구조적 문제들을 어떻게 해결할 수 있는지를 보여주고 싶었고, 동시에 우리가 왜 탈중앙화된 시스템을 필요로 하는지도 함께 되짚어보고자 했습니다. 물론 특정 프로젝트의 입장에 편향되지 않도록 서술의 균형을 맞추기 위해서도 많은 고민과 노력을 기울였습니다.

블록체인은 단지 기술의 진화만을 의미하지 않습니다. 그것은 세상을 바라보는 새로운 시각이며, 기존 시스템에 대한 근본적인 질문에서 출발한 대안적 선택입니다. 이 책이 그 의미를 단 한 사람이라도 더 깊이 이해하게 만든 도구가 될 수 있다면, 저는 그 자체로 충분한 보람을 느낍니다.

마지막까지 이 책을 읽어주신 독자 여러분께 진심으로 감사드립니다. 당신의 지적 여정에 이 작은 책이 좋은 나침반이 되었기를 진심으로 바랍니다. 그리고 언젠가, 블록체인을 올바르게 이해하고 활용하는 사람들이 많아져서, 이 기술이 정말 사람을 위한 기술로 기능하는 세상이 함께 만들어지기를 간절히 소망합니다.

감사합니다.

나의 스승이자 가장 친한 친구인 이정우에게 감사함을 전한다.

## 사슬로 배우는 블록체인 첫걸음

**초판 발행** · 2025년 10월 24일

**지은이** · 이재인

**발행인** · 옥경석
**펴낸곳** · 주식회사 에이콘온

**주소** · 서울시 양천구 국회대로 287 (목동)
**전화** · 02)2653-7600 | **팩스** · 02)2653-0433
**홈페이지** · www.acornpub.co.kr | **독자문의** · www.acornpub.co.kr/contact/errata

**부사장** · 황영주 | **편집장** · 임채성 | **책임편집** · 강승훈 | **편집** · 임지원, 임승경 | **디자인** · 윤서빈
**마케팅** · 노선희 | **홍보** · 박혜경, 백경화 | **경영지원** · 최하늘, 김희지

**함께 만든 사람들**
**전산편집** · 공종욱

인스타그램 · instagram.com/acorn_pub
페이스북 · facebook.com/acornpub
유튜브 · youtube.com/@acornpub_official

Copyright ⓒ 주식회사 에이콘온, 2025, Printed in Korea.
ISBN 979-11-94409-30-4
http://www.acornpub.co.kr/book/9791194409304

책값은 뒤표지에 있습니다.